KB248653

스님은 왜 머리를 안 깎으세요?

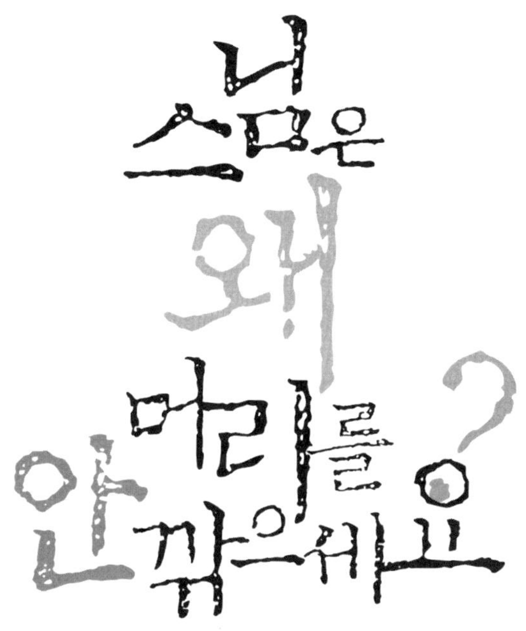

# 너 스님은 왜 머리를 안 깎으세요?

월송 지음

운주사

# 마음을 담아 책을 내며

지난 겨울, 폭설과 혹한으로 모든 게 죽은 줄로만 알았던 산천초
목이 꿈틀꿈틀 깨어나는 듯 생기가 돋아나고 버들강아지 솜털엔
파릇한 물감이 퍼져나가더니, 뜰 앞의 매화나무는 가지 끝마다 하
얀 꽃봉오리 금세라도 터트릴 듯하다.

머리를 깎은 지 어느새 30여 년.

무엇 하나 제대로 해온 일이 없어 많이 망설였지만, 출판이라는
게 꼭 뚜렷한 족적을 남긴 선택받은 몇몇 사람들만의 전유물이 아
니라는 생각에 용기를 내서 두서없는 글이지만 세상에 선보이기
로 결심하였다.

지나온 날들, 여러 곳을 다니면서 잊혀지지 않았던 여정과 내
마음을 담아온, 시작詩作이라기엔 부끄러운 글들……

그리고 주옥같은, 심금을 울리는 몇몇 글들은 내 나름의 기억대
로 옮겼음을 말씀드리며, 늘 책과 함께하는 많은 분들의 관심과
질책을 바라마지 않는다.

30여 년 세월 동안 좋은 일 궂은 일 항상 함께해 주신 신도님들,

그동안 알게 모르게 맺은 수많은 인연들, 그리고 첫 책의 부족함
을 다듬어 예쁘게 출간해준 도서출판 운주사 편집진에도 감사드
린다.

2011년 10월

법운암 암자에서

월송月松

## 잊혀지지 않는여정



## 삶을 되돌아 보자

## 환경을 생각하며

# 가슴으로 와 닿는 얘기들

# 내 마음의 노래

잇혀지지
않는
여정

백설 속에
파묻히고 싶은
오대산
지장암

 오대산 국립공원이라는 팻말을 돌아서니 바로 월정사 주차장이다. 월정사로 진입하는 길은 두 갈래이다. 어느 길로 가야 할지 잠시 망설여진다.

여인의 허리선처럼 잘록하게 들어가고 나온 전나무 오솔길을 옆에 놔두고 자가용의 편의를 위해 건너편 쪽으로 또 하나의 포장도로를 만들어 놓았다.

부처님께로 가는 길이 두 갈래인가?

어떨 땐 세상에 길이 너무 많아 더 복잡하다는 생각을 해본다. 밖에 나가보면 온통 길뿐이다. 그물처럼 얽히고설킨 길들…… 길이 복잡해지면서 우리 인간의 삶도 복잡해진 건 아닐까?

웅장한 일주문과 함께 아름드리나무가 여기저기서 터줏대감처럼 풍채 좋게 서 있다. 누가 손보고 다듬지 않아도 전나무는 맵시 있는 신여성처럼 미끈한 몸매를 아무에게나 내보이고 있다.

지장암은 남대에 위치해 있다. 오대산의 오대는 대臺가 다섯이라는 뜻으로 북대에는 미륵암, 서대에는 염불암, 중대에는 사자암, 동대에는 관음암이 자리하고 있다.

지장암으로 가려면 계곡을 건너 지장교를 지나야 한다. 지장교 앞에는 '나무아미타불'이라고 쓰인 큰 석주가 서 있다. 나무아미타불은 아미타불에게 귀의한다는 뜻이다. 나무아미타불을 일심으로 염송하면 서방정토에 든다고 했던가?

진입로 양쪽으로 이름 모를 야생화가 지천이다. 내린 눈에 얼굴만 내민 모습이 앙증맞다. 킬리만자로의 표범처럼 고독한 어느 산짐승이 눈 위에 장문의 발자국을 가지런히 찍어 놓았다. 세속에서는 오래전에 잊혀져 지도에도 없는 마을처럼 지장암은 적막과 고요 속에 푹 빠져 있다. 모든 일상들이 숨을 죽이고 낮은 포복으로 엎드려 있어 내 작은 움직임에 오히려 내가 움찔 놀랄 정도다.

지장암이라는 현판이 붙은 대웅전을 중심으로 왼쪽으로는 기린선원, 오른쪽으로는 요사채가 마주보고 있다. 기린선원의 기린은 동물의 이름이긴 하나 동물의 왕국에 나오는 그런 기린이 아니라 청룡, 백호, 주작, 현무와 같이 신화 속에 등장하는 성스러운 동물이라 한다. 몸은 사슴 같고 꼬리는 소 같고 발은 말과 같고 머리에는 외뿔이 솟아 있다고 한다. 기린의 성품은 부처님 성품을 닮았다고 한다. 살아 있는 벌레를 밟지 않고 돋아나는 새순을 밟지 않으며 남이 쳐놓은 그물에 걸리지 않는 영특한 동물이다.

길을 걸으면서 자기 발밑을 생각하며 걷는 사람이 몇이나 될까? 내 발밑에서 죽은 벌레의 수가 얼마나 될지 한 번쯤 생각해본 사람이 있을까? 자기 집 화초는 애지중지 잘 가꾸면서 길가의 풀들은 뭉개고 다니는 것이 우리 인간이 아니던가? 기린은 어진 임금이 등장하여 태평성대가 되면 홀연히 나타난다고 한다. 어진 임금은 부처님일 것이고, 부처님이 나타나서 중생들을 구원해주시길 기원하는 마음에서 지장암에 기린선원을 세우지 않았을까?

저쪽 후원에 행자승으로 보이는 여승 한 분이 목에 털목도리를 하고 손수레를 끌고 나온다. 정적 속에 손수레 바퀴 소리가 얼마나 큰지 커다란 산속을 울린다. 숲에서 지저귀던 산새 소리들이 일제히 뚝 그쳤다.

오직 일념으로 정진해 기필코 부처님의 정법을 깨닫고 말겠다는 행자승의 저 비장한 눈빛— 백설보다 희고 차다. 손장갑도 끼지 않고 나무장작을 수레에 가득 실어 연신 나르고 있다. 정숙함과 겸양이 쌓인 그녀의 얼굴이 투명한 햇살 아래 환하게 빛나고 있다.

18살도 채 안 돼 보이는 앳된 소녀! 무엇이 그녀를 이 산중 눈밭에서 추위도 마다않고 장작을 나르게 하는가? 무엇이 불씨만 한 불평도 없이 끊임없이 내리는 눈을 쓸고 새벽 공양밥을 짓고 산더미 같은 설거지를 하고 맨손으로 얼음물 빨래를 하게 하는 것일까?

　세상을 돌아가게 하는 무상의 톱니바퀴를 누구보다도 먼저 간파한 여인, 채우고 또 채워도 공허한 마음을 몸소 자각한 여인, 눈 맑고 귀 밝은 그대들이 바로 예비 부처들이다.

　포행을 나왔는지 한 여승이 일주문을 지나 날아가는 듯 사라진다. 넓은 숲 가운데 하나의 자연물로서 있는 저 스님들, 들국화나 야생화처럼 바라만 봐도 기분이 흐뭇해지는 저 꾸밈없는 뒷모습—

　서편 하늘에 누군가 불을 질렀는지 노을이 활활 타고 있다. 저 장엄한 순간, 숲속으로 가는 건가 여기로 오는 건가. 나비처럼 가물거린다.

봄이면 찾고
싶은 곳,
오어사

 따사로운 봄볕, 온 천지에 쑥향이 넘쳐나고 산철쭉과 진달래가 핏빛으로 물드는 포항 오어사를 찾았다.

입구를 찾아들면 큰 호수를 연상하리만치 넓은 저수지가 눈앞에 펼쳐진다. 물길을 따라 길옆 구불길을 돌아가면 오어사 경내가 돌아앉아서 빼꼼히 내다본다. 마치 수줍은 새색시마냥 그리움에 지쳐 아예 체념해버린 첫사랑처럼 그렇게 베일 속에서 우리를 반긴다.

절은 입소문에 비해 그리 크고 웅장하진 않지만 요소요소에 자리한 아담한 전각들과 석탑이 어우러진 도량이 마치 고향집의 어머니 품처럼 포근하게 느껴진다.

주지스님을 뵙고 따뜻한 녹차 한잔을 마시며 이런저런 얘기를 나누고선 산내암자를 찾았다.

원효암은 계곡 저편에 있기에 상류 쪽에 다리가 하나 놓여 있다. 이름하여 극락교. 이 다리를 건너면 사바세계와는 인연을 끊고 서방정토 아미타불이 계시다는 이상향인 극락세계가 펼쳐지려나.

가파른 산길에 돌 틈 사이로 흐드러진 진달래와 철쭉이 나그네의 발길을 즐겁게 한다.

온몸에 땀이 쫙 퍼질 무렵 암자에 도착했다. 석간수를 한 잔 마셨더니 소름이 돋으리만치 시원하다. 발아래로 펼쳐지는 경치는 그야말로 장관이다. 오어사 경내는 납작 엎드려 미동도 하지 않고 모든 것이 고요에 잠겼는데, 지금 움직이는 게 있다면 저수지에서 피어오르는 연무이다.

백로 한 쌍이 물안개를 박차고 비상한다. 날갯짓에 군무를 추는

듯 이리 피어오르고 저리 흩어지고, 마치 한 폭의 수채화처럼 번져간다.

그 옛날 선사들께서는 산 좋고 물 좋은 그런 곳엔 으레 암자를 지어 놓으셨다. 자연 경관과 어우러진 절묘한 곳에 제비집처럼 날아갈 듯한 암자를 보면 어떻게 이런 곳에다 암자를 지을 생각을 했을까 싶으리만치 우리 범부들은 그 깊은 속뜻을 헤아릴 수 없다. 내려오는 길은 한결 여유롭다.

눈만 들면 오어사의 경내가 펼쳐진다. 이 능선을 돌아서면 또 다른 풍경이, 저 모퉁이를 돌아서면 또 다른 아름다움이 우리를 설레게 한다. 암벽을 타고 내린 참꽃 무리들― 바위 틈새에서 어떻게 저런 아름다운 꽃들이 만발할 수 있을까? 물도 토양도 부족한 틈새에서 인고의 세월을 견뎌낸 끈질긴 생명력에 잠시나마 생명의 고귀함에 대한 생각을 가져본다.

모르긴 해도 오어사는 사계절 중 봄이 가장 어울리는 듯하다. 또한 오어사의 매력은 고색창연함의 순수함이 깃든 아름다움이 남아 있다는 점이다. 유명세를 타는 사찰은 으레 불사를 한답시고 뜯고 허물고 파헤치며 공사를 하지만, 이곳만큼은 언제 와 봐도 고즈넉하고 여유롭고 편안한 느낌이 들어서 좋다. 오히려 지금 이대로가 주변 환경과 더없이 어울려 절제된 여백의 미가 돋보이기 때문이다.

다시 찾아와도 이런 느낌이 고스란히 남아 있길 바라면서…….

# 섬진강
# 구비 돌아
# 사성암을
# 가다

 벚꽃 흩날리는 봄길 따라 지리산 자락에 있는 구례 사성암을 찾아 나섰다.

3도 5개 군 15면을 품은 남한의 최고 명산을 마주하고 섬진강의 고운 물길 따라 구비구비 흘러들어 구례 들판을 굽어보는 사성암을 찾았다. 주차장에서 사성암까지는 포장도로이지만 걸어서는 30분 이상 걸리는 제법 가파른 오르막길이다. 승용차도 힘에 겨운 듯 연신 가쁜 숨을 토해낸다. 구불길을 이리저리 돌아 경내로 들어섰다.

높은 벼랑 끝에 제법 도량이 잘 짜여 있다. 돌계단을 따라 큰 느티나무를 올라서면 아담한 법당이 있고 다시 왼쪽을 돌아가면 산신각이 나온다. 그 옆으로 큰 바위가 떡 버티고 있다. 자세히 보면 바위틈 사이로 들어갈 수 있는 공간이 있는데 대낮에도 컴컴한 동굴 같은 바위틈에 누군가가 촛불을 밝히고 기도를 하고 있다. 밖으로 나오니 바로 아래쪽이 천길 낭떠러지이다. 시원한 바람과 함께 등골이 오싹해지는 느낌이다.

다시 도량 오른쪽으로 이곳 사성암의 간판격인 마애불 법당이 우리를 반긴다. 높은 절벽 바위에 마애불을 새긴 벼랑을 법당 안으로 모셨다. 법당의 정면 벽체가 바로 마애불상인 것이다. 그 크기와 섬세함에 저절로 고개가 숙여진다. 한편 마애불의 크기도 크기려니와 벼랑 끝자락 높은 곳에 새겨져 있으니 마애불 높이에 맞춰 법당을 짓다 보니 법당이 마치 구름 위에 떠 있는 듯 제비집처럼 운치 있는 모습이다.

오랜 풍상을 노천에서 견디기엔 너무 외람되었던지 어느 선사께서 이토록 예쁜 전각을 만들어서 부처님 전에 바쳤을까? 정말 풍치 절경의 이곳에다가 화룡점정의 법당을 만드신 것이다. 자연도 피해를 주지 않는 범위 내에서 인공을 가미하면 멋지고 조화로운 아름다움이 탄생될 수 있음을 느낀다. 날씨 흐린 날, 안개가 자욱이 깔리고 법당 아래로 운무가 피어오르면 모르긴 해도 도솔천이 바로 여기가 아닐까 생각된다.

공양주 보살님이 새벽예불을 마치고 맞이하는 일출이 너무 아름답다고 귀띔하지만 바쁜 일정에 어쩔 수가 없다. 언젠가 꼭 한번 일출을 보러 다시 찾아오리라 다짐을 해본다.

이곳 사성암 도량은 사방이 툭 틔어서 곳곳이 전망대이다. 넓디넓은 섬진강변 구례 벌판의 비옥한 평야가 펼쳐진다. 저 멀리 손에 잡힐 듯 말 듯 길 따라 흐드러지게 핀 벚꽃들이 마치 하얀 꽃길처럼 이리저리 흩어져 있다. 요사채 앞에 졸졸 흐르는 석간수 한 잔을 들이키니 오장육부가 다 시원하다.

기와불사가 한창이라 약간의 시주금을 접수하고 마음속으로 날마다 좋은 날 되길 기도하며 하산길에 들었다.

불보살의
성지
통영

 우리나라에서 불심이 높기로 소문난 곳으로는 대구와 부산, 그리고 남해안 지역인 마산, 통영 등을 꼽을 수 있다. 특히 이곳 통영은 지명에서 알 수 있듯이 산과 섬, 그리고 동네 이름에 불교와 밀접한 관계가 있는 곳이 많다.

통영에서 동쪽으로 광도면을 지나 안정 국가산업공단을 들어서면 천년고찰 안정사를 품고 있는 산이 벽발산이다. 벽발산은 석가모니의 십대제자 중 한 사람인 가섭존자가 벽발(碧鉢: 스님들이 공양할 때 쓰는 바릿대)을 받쳐 든 모습을 닮았다고 해서 벽발산이라고 부른다.

해발 650미터로 인근 지역에서는 제법 높은 산이다. 안정사는 원효대사가 벽발산 자락에 창건한 신라고찰이다. 경내에는 가섭암, 의상암, 은봉암, 천개암 등 여러 암자가 있으며 저마다의 고즈넉한 풍치를 간직하고 있다.

절 입구에 들어서면 쭉쭉 뻗은 아름드리 소나무들이 길손을 반긴다. 벽발산 소나무 숲은 고종(광무 4년) 때 왕실에서 어송패를 내려서 도벌을 막고자 관리를 했었다고 기록에 전해온다. 그랬던 만큼 옛날에는 통영뿐만 아니라 서울, 부산 등 경향 각지에서 많은 신도들이 안정사를 찾아왔었다는데, 요즈음 들어 사세가 열악하여 썰렁한 느낌마저 든다. 그 옛날 좋던 시절 인연은 다 어디로 갔는지, 하루빨리 그때의 영화가 다시 오기를 기원해본다.

시내에서 운하교를 건너 섬으로 들어서면 우뚝 선 미륵산이 입산객을 반긴다. 해발 461미터로 산 이름이 상징하듯 미륵산은 미륵보살의 산이다. 신라고찰 용화사를 비롯해 관음사, 도솔암, 그리고 미래사가 모두 용화세계에 깃들어 있다.

통영의 미륵산은 2002년 산림청에서 "세계 산의 해"를 기념해 선정한 "우리나라 100대 명산" 가운데 하나로 뽑힌 산이다. 해발 500미터도 안 되는 미륵산이 전국의 고산준봉과 당당히 어깨를 겨누는 명산으로 선정된 이유는 여러 가지가 있겠지만, 미륵산의 역사와 문화 생태계의 특성, 그리고 한려수도와 어우러진 아름다움이 불교 설화와 함께 어우러져 선정되지 않았나 생각된다.

주차장에서 두 갈래 길이 나온다. 오른쪽 바로 위 가파른 길로 올라가면 산내암자인 관음사 도솔암으로 가는 길이고, 왼쪽으로 돌아가는 길은 용화사 진입로이다. 굵직굵직한 소나무, 굴참나무, 편백나무 등 여러 나무들과 함께 계곡물을 막은 저수지가 나타난다. 얼마 전까지만 해도 통영시민의 젖줄이었던 소중한 수원지였지만 이젠 진주 남강 물이 상수원이 되어 있으니 그나마 다행이다. 산새들과 산짐승들의 젖줄로 다시 환원된 셈이다. 봄이면 푸른 솔숲 사이로 진달래와 함께 산벚꽃이 만개하여 수원지에 흩날리면 그야말로 선경에 든 것처럼 황홀하다.

길을 돌려 남쪽으로 바닷길을 따라 한참 가다보면 미래사 입구가 나타난다. 구불길을 여러 번 반복하다 보면 하늘을 찌를 듯한 삼나무와 편백나무 숲이 우릴 반긴다. 우리나라에서 몇 안 되는 편백나무 숲이다.

구한말 효봉선사와 구산스님, 그리고 최근에 열반하신 무소유의 가르침을 깨우쳐준 법정스님이 출가하여 삭발하였다는 곳이다.

미래사 바로 아래 영운마을 쪽의 들판이 미래들이다. 미래의 부처인 용화교주·미륵존불이 이곳 어디쯤에 오실는지…….

바다를 끼고 섬으로 나가면 마치 불교의 성지처럼 불보살의 명호 일색이다. '욕지도', '세존도', '미륵도', '연화도', '지심도' 등등 가는 곳마다 전설과 유적이 산재해 있어, 이곳 통영은 부처님의 가피가 항상 넘쳐나는 곳이다.

신 암사어서<br>방생하던<br>날

오늘은 법운암의 연례행사 중 하나인 춘계 방생법회 날이다. 아침 일찍 버스 3대에 분승한 신도 120명과 함께 전라도 승주 선암사로 출발했다.

방생이란 생명이 있는 미물을 살려준다는 고귀한 생명존중 정신에서 비롯한 자비의 실천방법이다. 인간만이 온 우주를 다스릴 수 있는 특권을 부여받았다고 가르치는 어느 종교가 세상을 정복하고부터 인간은 더할 수 없이 잔인하게 되었다. 곡식보다는 양고기를 제단에 올려야 더 신앙심이 높아지는 어처구니없는 일들이 생기면서부터 생명경시 풍조가 우리 인간들 마음속에 자리하게 된 것이다.

그러나 세월이 흘러 이에 대한 일대 반성과, 나아가 참회의 기운이 고조되면서 인간은 그들 손에 죽어가는 목숨을 살려주는 근본 양심 회복 운동을 전개하고 있다.

이를 방생放生이라고 하는 것이다.

하지만 요새 들어 방생에 대한 비판이 많다. 방생한 미물을 얌체 같은 사람들이 기다렸다가 다시 그물로 잡아서 되파는 경우와 미물을 외국에서 수입해오는 경우가 더러 있다고 한다.

인간들이 아무리 돈벌이에 혈안이 되었다 하더라도 금방 방생한 미물을 그 사람들이 채 돌아가기도 전에 마구잡이로 잡아들이는 철면피들이 어디 있는가! 또한 환경 조건이 잘 맞지 않아서 놓아주면 금세 죽을 줄 알면서도 수입을 해오는 그런 추악한 인간들이 어디 있는가! 그건 방생이 아니라 살생일 뿐이다.

물론 자기 복을 짓고자 방생을 다니는 사람들이 아직은 많다. 비록 그렇다 하더라도 생명을 살려주는 그 행위만큼은 거룩하고 성스러운 일이 아닐 수 없다. 그런 좋은 일을 하는 방생법회에 돈독이 오른 사람들이 생명체를 가지고 장난을 치는 세상에 우리는 살고 있는 것이다.

방생의 참뜻을 이해하지 못하는 일부 사람들은 그런 잘못된 현상만을 문제 삼아 오히려 방생하는 사람을 욕하는 희한한 일이 벌어진다. 정작 방생하는 보살님들은 이런 사실을 전혀 모를 만큼 순수하다. 이를 다루는 매스컴에서는 보다 정확하고 올바른 자세로 방생 그 자체를 매도하는 일이 없도록 해야 할 것이다.

우리는 이제 방생을 특정 종교행사라는 관념을 떠나서, 생명은 동등하다는 만인평등사상 아래 적극적으로 장려할 필요가 있다고 생각한다. 몇 년 전 우리 시 수산과에서 연중행사로 하던 어류 방류사업을 통영지역 불교사암연합회와 함께 방생법회로 개최하여 성황리에 마친 일은 좋은 본보기가 될 것이라 생각된다. 방생은 우리 마음속에 있는 사랑과 자비의 종자를 싹트게 하는 일이며 복밭을 일구는 좋은 적선이 된다.

삼월 하순이라지만 강가엔 아직도 쌀쌀한 기온이 감돌고 있다. 준비한 공양물을 차리고 신도님들에게 방생법회의 참뜻과 공덕, 그리고 실천을 당부 드리면서 법회를 마쳤다.

꿀맛 같은 야외 공양을 시작하는데 모두 다 소풍을 온 듯 즐거운 마음이다. 여기저기서 공양을 하면서 웃음꽃이 피어나고 도란도란 세상 사는 얘기가 퍼져 나온다. 선암사 입구 팻말을 따라 맑디맑은 계곡물이 졸졸 흐르고 산새들과 다람쥐가 우리 일행을 반기듯이 바쁘게 움직인다.

어느새 선암사 도량으로 들어섰다. 웅장한 산세 속에 고즈넉한 법당과 부속건물이 아름드리나무들과 함께 잘 어울리는 사찰이다. 화려한 단청보다는 빛바랜 서까래와 거친 나무기둥에서 오히려 친밀감이 더해지는 듯하다. 큰법당에 들러 오늘 하루 무사히 방생 법회를 마칠 수 있도록 가피를 내려주신 부처님 전에 절을 올리고 산문을 나섰다.

오늘 우리 신도님들, 방생의 참뜻을 조금이나마 이해하고 방생법회를 회향했다면 마음의 뜨락에 선근종자 튼실하게 뿌리 내릴

것이다. 법문과 함께 사찰안내에 동행해주신 노스님께 감사의 뜻
을 전하며—.

설악의
성지
봉정암을
향하여

불자라면 살아생전에 세 번은 다녀와야 한다는 설악산 봉정암! 우리나라 오대 적멸보궁 중 가장 높은 곳에 불사리를 모셔둔 곳. 그래서 일 년 내내 불자들의 성지순례가 끊이지 않는 곳. 그곳을 이제야 참배한다고 하니 설레는 마음보다는 부끄러움이 앞선다.

관광버스 한 대만 갈려고 했는데 의외로 신도님들의 동참이 많아 두 대로 증편하여 64명이 장도에 올랐다. 1박 2일의 여정으로 통영에서 새벽 4시에 출발하여 강원도 양양 오색약수에 도착하자마자 점심공양을 하고 잠시 휴식한 다음, 대청봉 코스를 지나 봉정암으로 가는 코스를 택했다.

설레는 마음도 잠시, 등반 초입부터 제법 난코스였다. 배낭을 최소화하고 출발했지만 이내 몇몇 신도님들이 쉬었다 가잔다. 갈 길은 멀고 이제 고작 30분 정도 올라왔는데 정말 큰일이다. 좀 젊은 보살님들과 함께 일진을 먼저 보내고 나머지 분들과 같이 동행하기로 했다. 그래도 걱정했던 것보다는 우리 보살님들 체력과 정신력이 대단하다. 서로를 다독이며 뒤처지는 사람의 손을 잡아주고 뒤에서 밀어주고, 그래도 지치면 쉬었다 가며 다시 걷기를 다섯 시간.

마침내 대청봉 꼭대기에 올라섰다. 마치 왜 이제야 찾아왔느냐고 닦달을 하듯 차가운 겨울바람이 온몸을 때린다. 정신을 가다듬고 산천을 굽어보니 과연 장관이다. 구름과 안개 사이로 설악의 능봉과 계곡이 나타났다가 이내 사라지고, 잠시 컴컴한 어둠이 내리는가 싶더니 이내 밝은 햇살이 환하게 쏟아진다. 마치 한 편의 파노라마 영화처럼 아름답기 그지없다.

그러나 목적지까지는 아직도 한참이다.

서둘러 봉정암으로 향해 한 걸음 또 한 걸음. 얼마를 갔을까, 저만치에 인가가 보인다. 반가운 산장이다. 산장이래야 움막처럼 초라하지만 피곤한 등산객에겐 이보다 더한 휴식처가 있을까? 그곳에서 끓여주는 라면 맛이라니…… 먹어보지 않고서는 말을 말아야 할 터.

한참을 쉬었다가 다시 목적지를 향해 내려가니 반가운 염불소리, 목탁소리가 들려온다. 단숨에 달려가니 오매불망 그리던 봉정암이다. 웅장하고 장엄한 설악의 자락을 품에 안은 듯 그 위용이 대단하다. 눈을 들어 하늘을 보니 법당을 아래로 굽어보며 합장하는 듯 보살의 형상도 보이고, 부처님처럼 온화한 미소를 머금은 부처바위도 있고, 저쪽으로 두꺼비바위, 곰바위 등등 온갖 만물상들이 금방이라도 떨어질 듯 이 도량을 에워싸고 있다.

이 거룩한 성지를 참배하고자 수많은 신도들이 경향 각지에서 몰려들고 있지 않은가? 무슨 사연들이 그렇게도 많기에 험준한 이곳까지 극기 훈련 같은 고행을 하면서 기도를 하고자 찾아오는지…… 정말 불심이 따르지 않고는 올 수 없는 곳이다.

종무소에 들러 신도님들의 숙소를 배정받고 인원 파악을 마치고 혹 아픈 신도는 없는지 애로사항을 물어보니 스님 걱정이나 하란다. 남자보다도 강한 게 어머니라고 하더니 정말 그런가 보다.

나는 스님 처소를 찾아 들었다. 마침 먼저 온 스님께 인사를 하고 통성명을 하니 진주 연화사 스님이시다. 통영 법운암에서 왔다고 하니 아주 반가워하신다. 한 스님은 나이 이십대 중반의 잘생긴 스님인데 무슨 사연이 있어 저 나이에 삭발을 했는지 차마 물어보질 못했다. 남양주 어느 토굴에서 수행 중이라고 하던데…….

장시간의 산행에 피곤도 했지만 왠지 잠이 오질 않는다. 벌써 시간이 자정을 넘었는데 법당에서는 석가모니불 정근이 끊이질 않는다. 밖으로 나왔다. 9월 하순인데도 설악의 밤기운은 쌀쌀하다 못해 차갑게 느껴진다. 두툼한 겉옷을 입고서 컴컴한 오솔길을 내려와 도량을 거닐어 본다.

달은 보이지 않아 칠흑같이 어두운데 별은 유난히도 밝게 빛나고 있다. 높은 산중이라 그런지 은하 사이로 반짝이는 별들이 내 머리 위로 쏟아지는 듯하다. 학창시절 과학시간에 배웠던 별자리를 더듬어 본다. 오리온자리, 사자자리, 황소자리, 전갈자리, 카시오페이아자리 등등 생각나는 대로 더듬어보지만 뭐가 뭔지 알 수가 없는데, 저쪽 북쪽으로 눈에 익은 쪽박처럼 생긴 별자리가 바로 북두칠성인 듯하다. 마치 객지에서 고향친구를 만난 듯이 반갑다.

내친 김에 윤동주 님의 '별 헤는 밤'을 서툰 솜씨로 읊어본다. 좀 틀리면 어떠리. 아직도 내게 동심이 남아 있다는 것은 그래도 세속에 많이 물들지 않았다는 뜻이 될는지……

설악의 새벽, 성지의 정기를 몸으로 느껴 보고는 숙소로 들어왔다. 다른 스님들도 마찬가지인 듯 쉽사리 잠들지 못하고 이리 뒤척 저리 뒤척 하더니 아예 등에 기대고 앉는다. 면벽참선을 하실 요량들인지……. 얼마나 잤을까. 일어나니 아직도 주위는 컴컴하다. 세수간에 내려가 대충 씻고 법당에 들어가려 했더니 밤새 철야정진을 했는지 벌써 만원이다. 빼곡히 들어앉아 오직 일념으로 "석가모니불"을 염하는 신도님들의 모습을 보니 신심이 절로 난다. 마치 장엄한 오케스트라의 연주를 보는 듯한 전율을 느낀다.

부질없이 도량을 거닐다 처소로 돌아오니 스님들 부지런도 하셔라, 벌써 일어나 담소 중이다. 같이 앉아 이런저런 법담을 주고받으니 벌써 아침공양을 알리는 방송이 나온다. 대중공양을 자주 접해 보지 못한 나로서는 이 산중에서 스님들의 공양이 어떠한지 무척 궁금하였다.

일행들과 공양간에 들러 스님들과 함께 자유배식을 하는데 그래도 스님들 공양이라고 꽤나 신경을 쓴 듯 반찬이 대여섯 가지나 나왔다. 미역국에 산나물무침, 오이무침, 무김치, 김튀각, 맛김 등등…… 이만하면 스님들의 공양치고는 제법 진수성찬이다. 다른 데서는 뭐 별거 먹냐!

공양을 마치고 신도님들 숙소에 들렀더니 갈 길이 머니까 빨리 내려가자고 보챈다. 그래도 불사리탑전에 들러 그곳에서 간단한 회향의식이라도 하고 가는 게 도리라, 신도님들과 함께 반야심경과 석가모니불 정근으로 하직인사를 드리고 하산길에 나섰다.

서너 시간 만에 암자가 하나 나오는데 영시암이다. 불사 중이라 다소 산만하였지만 그래도 반갑기 그지없다. 등산객들의 피곤한 몸을 잠시나마 쉬어갈 수 있는 곳이 여기 말고 어디 있겠는가? 더구나 출출하다고 국수공양까지 하고 가라신다. 인심 좋은 우리 영시암 공양주님.

발길을 재촉하여 백담사에 들러 둘러보고 통영으로 향했다. 내려오는 길에 점심공양을 하고 동해바다 넘실대는 바닷가 사우나에 들러 1박 2일 동안 성지순례에 고행한 피곤한 몸을 맡겼더니 몸도 마음도 한결 새롭다.

신도님들께 봉정암 성지순례의 참뜻과 남을 배려하는 마음에 대해 법문을 하고, 고생하신 모든 분들 한 분도 낙오 없이 잘 다녀

오신 우리 보살님의 용기와 정성과 대단한 정신력에 박수를 보내
드렸다.

"스님, 내년에도 봉정암 성지순례 꼭 갑시다."

어느 신도님의 목소리가 귓전을 때린다.

미륵동우회
미국
여행기

말로만 듣던 미국 LA 여행을 주선하면서 사실 큰 기대를 하진 않았다. 요즈음 같은 경기에 경비도 경비려니와 9박 10일이라는 오랜 기간을 직장인이나 개인 사업하는 사람들이 시간을 내긴 힘들 것이라고 생각했지만, 정작 여행사와 구체적인 일정이 결정되고 회원들에게 홍보를 시작하니 제법 많은 회원들이 동참하겠다고 했다. 때맞춰 LA 교민들로 구성된 백호축구단에서 우리 미륵동우회를 초청한다는 공문이 왔다.

드디어 3월 7일 토요일 새벽 6시. 39명이라는 대군(?)을 이끌고 9박 10일 간의 도미 여행길에 올랐다.

이 행사가 있게 된 동기를 설명하자면 이렇다. 이곳 통영 출신인 재미 사업가 백영길(61세) 선배님이 약 15년 전 미륵동우회 회원 24명을 미국으로 초청해서 보름 동안 관광을 시켜준 고마운 인연이 있었는데, 작년 (2008년) 10월에 백영길 선배와 그곳 교민 LA 백호축구단 회원 40여 명이 모국 방문차 오면서 이곳 통영으로 초대하여 성대한 환영식을 베풀었던 것이다. 바쁘신 중에도 시장님까지 나와 환영사도 해주시고 친선축구와 아울러 2박 3일간 미륵동우회에서 접대를 했었다. 그 인연의 보답으로 이번 미국 LA 초청 행사가 이루어진 것이다.

바쁜 일정 속에도 하루 경비와 많은 시간을 내주신 백영길 선배님께 감사드린다. 천연잔디구장 임대료, 하루 숙박비, 식사, 버스대절 요금, 그리고 저녁만찬 회식비 등 많은 폐를 끼쳐드리고 왔다.

그곳 교민들의 생활상을 단 며칠 머물면서 평가할 순 없었지만 나름대로 열심히 살아가고 있었다. 틈틈이 건강관리와 여가를 즐기며 교민의 결속을 다지기 위해 축구클럽을 결성해서 친선 축구대회도 하고 있었다. 우리 미륵동우회와의 교류전에서도 막상막하의 실력을 지닌 걸 보면 상당한 실력을 갖춘 팀으로 생각되었다.

이분들이 처음 미국으로 왔을 땐 많은 고난이 있었으리라. 소수민족으로서의 따돌림, 말이 통하지 않아 의사소통이 안 되는 답답함, 가진 것 없이 출발했으니 의식주가 제대로 해결될 리가 있었겠는가? 허나 이제, 어엿한 미국시민의 한 사람으로서 한국인의 자부심을 가지고 당당하게 여유로운 생활을 하고 있는 교민들의 모습을 보고는 가슴이 뭉클하였다.

LA 코리아타운의 즐비한 한국 간판들…… 그리고 한국 교민들…… 이곳이 미국인지 한국의 어느 도시 한쪽인지 구분이 가지 않을 정도였다. 대단한 우리 민족, 머나먼 이국땅에서 똘똘 뭉쳐서 한 고을을 이루고 있었다.

그런데 외국에 가면 화합은 물론이요 단합도 잘되고 서로 애국자가 되는데, 내 나라 내 땅에서는 왜 서로 시기하고 질투하고 싸우는지 도무지 이해할 수가 없다. 자식을 훌륭하게 키우려면 멀리 여행을 떠나보내라는 어느 선각자의 말씀이 생각난다.


드넓은 땅, 비옥한 토양, 풍부한 자원 등등 세계 일등 국가다운 부러움의 연속이다. 끝없이 펼쳐지는 지평선에는 포도농장의 시작과 끝이 보이질 않는다.

한참을 자고 일어난 듯한데도 창 밖은 계속 포도밭이다. 이 사람들은 자기네 땅을 어떻게 알아내는지 그저 신통할 따름이다. 우리를 더욱 놀라게 하는 건 들판에 농작물을 가꾸면서, 지하로는 파이프를 내려 기름을 뽑아 올리는 것이었다. 일대에는 캘리포니아 유전지대가 광활하게 분포되어 있었다.

그랜드캐니언, 브리이스캐니언, 자이언캐니언―

우리의 어설픈 알음알이로는 이해할 수 없는 시간의 예술이라고나 할까. 얼마나 많은 세월이 흘러야 평평한 대지가 저 깊은 계곡으로 변할 수 있단 말인가. 자연의 아름다움이 이토록 웅장하고 황홀할 수 있는지 그저 놀라울 따름이다.

특히 자연을 있는 그대로 보존하고 유지하려는 모습은 우리로 하여금 많은 생각을 갖게 했다. 관광지에는 으레 쓰레기통조차 보이질 않는다. 쓰레기가 생기면 본인 스스로가 챙겨가야 한다는 원칙이 있는 것이다.

탁 트인 캘리포니아의 산타모니카 비치 해변, 금모래 백사장의 자유분방한 사람들, 비버리힐즈 상류사회의 차원이 다른 공간과 저택들, 영화산업의 메카인 할리우드의 관광산업과 별천지들, 샌프란시스코 하면 제일 먼저 떠오르는 금문교…… 가는 곳마다 미국의 힘을 느낄 수 있었다.

그랜드캐니언이 자연이 만들어낸 위대한 예술품이라면, 라스베가스는 인간이 만들어낸 종합예술품이다. 버려진 사막 한가운데 물 한 방울 나지 않는 이곳을 전 세계 사람들의 꿈과 환상을 부추기는 종합 휴양지로 만든 인간의 두뇌가 그저 놀랍기만 하다.


하지만 이곳 미국에도 동전의 양면 같은 어두운 면도 있다. 도시빈민들이 사는 할렘가는 대낮에도 함부로 통행하기엔 아직도 위험하다. 가끔씩 일어나는 총기사고, 그리고 인종차별로 인한 납치 폭행 등…….

뿐만 아니라 네바다사막의 쓸모없는 버려진 땅에는 인디언들을 몰아넣고 울타리를 쳐서 격리수용한 인디언보호구역이 존재한다. 말이 인디언보호구역이지 그 사람들을 감시하고 수용하는 곳이다. 상수도시설은 물론 집도 옛날 방식 그대로이다. 출입구를 철저히 통제해 놓고 외출을 하면 반드시 해지기 전에는 들어와야 한다는 얘기를 듣고, 자유를 사랑하고 전 세계에 평화유지군을 파병하여 그 나라의 질서유지와 평화를 위해 애쓰고 있다는 미국이 정작 자기 나라의 선조격인 인디언을 핍박하고 멸시하는 이중성을 가졌다는 사실을 알고 또 한 번 놀랐다.

광활하고 드넓은 미국—

그 나라의 한 쪽 끝 몇 자락만 보고 어떻게 미국을 다 알 수 있겠는가? 하지만 내가 보고 느낀 미국은 한마디로 "Great!"

다문화 민족들이 한데 어우러져 공동 운명체를 만들고 그 속에서 조화로움과 자유를 누리는 나라였다.

# 가을 단풍의
요람,
청량사

 늦가을의 뙤약볕을 머리에 이고 청량산 청량사로 찾아들었다. 등반 초입부터 가파른 오르막길이다. 지형이 높은 곳이라 그런지 흔히 길 따라 나 있는 계곡도 보이질 않는다. 청량사를 찾아가는 길은 만만치 않다. 그 옛날 전쟁도 피해갔다는 얘기가 있는 걸 보면 오지 중에 오지인 듯하다.

이 첩첩산중에 무슨 절이 있을까 싶으리만치 청량사는 세속과는 인연을 끊은 듯, 한 치 앞도 보이지 않는 구불길을 돌고 돌아 능선을 올라서니 저만치에 청량사 전경이 나타난다.

마치 온 산이 불타는 듯 가을 단풍이 절정이다. 청량사는 산의 칠부 능선쯤에 있다 보니 도량이 협소하고 아담한 편이다. 그렇지만 돌담을 쌓아 오밀조밀하게 법당과 종각, 요사채들을 배치한 모습이 청량산 봉우리를 병풍 삼아 포근히 감싸 안은 모습과 함께 이채롭다.

돌담엔 가을국화와 이끼 긴 용담초, 석위, 그리고 이름 모를 야생화들이 널려 피었다. 법당에 들러 삼보전에 예배드리고 사리탑전에 들러 절하고 아래를 내려다보니 정말 이곳에 정 붙이고 살고 싶은 생각뿐이다.

저쪽으로 한 스님이 가부좌를 틀고 아래를 내려 보며 명상에 잠겨 있다. 밤이라면 부처님으로 오인할 만큼 꿈쩍도 않은 모습이 제법 연륜이 쌓인 스님인 듯싶다. 수행에 방해가 될까봐 얼른 돌아 나왔다.

도량을 지나 등산로를 한참 올라가니 산장이 나온다. 반가운 마음에 들러 주인장이 내주는 약차를 한 잔 받아 마셨더니 피로가 싹 풀리는 듯했다. 산장 주인의 목각 솜씨에 매료되어 목각을 하나 사들고 등산로를 따라 가쁜 숨을 쉴 때쯤 눈앞으로 시야가 탁 트인 자연전망대가 나타났다. 말은 필요 없고 그저 감탄사만 나올 뿐이다.

"만산홍엽—" 속옷까지 붉은 물감이 스며들 듯한 착각 속에 붉게 타오르는 산 위로 청량한 가을하늘이 푸르다 못해 눈이 시리다.

떨어지지 않는 발길을 돌려 하산길에 나섰다. 이곳 청량사의 또 다른 자랑거리는 가을 단풍철에 맞춰 연중행사로 치러지는 산사음악회다. 이 좁은 도량에 2,000명이 넘게 참석한다고 하니 그 유명세를 실감할 만하다.

'언젠가 인연 될 날이 있겠지.' 이렇게 아쉬움만을 남겨 놓았다.

삶을
되돌아
보자

 어쩌다 한 번씩 어머니를 따라온 꼬마 신도에게 듣는 질문이다. 그러면 난 이렇게 얘기해준다.

"스님이 요즘 바쁜 일이 많아 이발할 시간이 없어서 그렇단다."

이런 얘길 들으면 스님이 일반 속인들처럼 장발을 하고 있는 것처럼 생각이 들지도 모르겠지만 그렇지는 않다. 사실 난 일반 스님네처럼 빡빡 깎은 머리는 아니다. 두발 자유화되기 전의 중고생 머리카락이랄까?

스님들 사이에서는 자라나는 머리카락을 무명초, 혹은 부평초라고들 하여 아무런 의미가 없는 잡초에 비유한다. 하기사 멋지게 길러서 빗어 넘길 만큼 모양을 낼 수가 있나, 자기 얼굴에 어울리게 개성 있는 머리를 할 수가 있나, 더부룩하게 길어나면 자주 깎아야 하니 귀찮기만 한 존재다.

스님들이 자기의 본분사를 잊고 다니면 자기 스스로 머리를 만

져보라는 말이 있다. 머리 위로 손을 대는 순간 자기는 빡빡머리 중이라는 생각을 가질 수 있다는 얘기다. 그만큼 출가한 수행승은 지켜야 할 계율도 많거니와 철저한 수행이 따라야 함은 물론이다.

또한 어디서든지 확 띄는 복색 때문에 항상 세인들의 관심 대상일 수밖에 없다. 철저한 수행자는 철저하게 위선적이어야 한다는 어느 스님의 독백이 가슴에 와 닿는 대목이다. 삭발한 머리에 풀 먹인 무명옷을 입고 의연하고 당당하게 걸어가는 스님들의 뒷모습을 보노라면 왠지 모르게 다른 사람들이 범접하지 못할 무언가가 느껴진다. 그런데도 아직 난 중물이 덜 들었는지 그렇게 하고 다니기가 망설여질 때가 있다. 이곳에서 태어나 줄곧 고향에서 살아오다 보니 세속 사람들과 이어온 인연을 끊을 수 없어 모임이 많은 게 사실이다. 게다가 운동을 좋아해서 축구동우회의 지인들과 같이 어울리다 보면 승복보다는 평상복이 그 사람들과 더 편하게 느껴지는 것 같아 평복을 선호하는 편이다.

자기를 속이기보다는 나 자신을 지키기 위한 위선이라면 어설픈 변명일까?

아무려면 어떠리.

내 스스로 당당하다면 부처님께서도 헤아려 주시겠지!

 오늘은 구치소 법회가 있는 날이다.

한 달에 한두 번 하는, 벌써 6년째 해오는 일인데도 매번 긴장이 되긴 마찬가지다. 사찰 행사에서는 몇백 명의 신도들 앞에서도 별 탈 없이 잘해내지만 아직도 구치소라는 그곳의 선입견을 버리지 못하는 것은 내 수행의 부족인 듯싶다.

말 한마디라도 심사숙고해서 그들이 사회에 나갔을 때 조금이라도 도움이 될 수 있는, 그래서 마음이 평온을 찾고 수감생활을 무사히 마칠 수 있다면 더없이 큰 법문이 아니겠는가?

오늘 나는 뜻하지 않은 어느 수감자의 질문을 받고 가슴 뿌듯한 보람을 느꼈다. 선생님이 제자를 가르칠 때 이런 느낌을 가질는지—

일전에 중국 고서에 나오는 "관수세심觀水洗心"이라는 내용의 얘기를 해준 적이 있었다.

옛날 중국에 착하고 성실한 한 젊은이가 아내와 자식과 함께 채소 행상을 하며 어렵게 살아가고 있었다. 어느 날 채소를 수레에 가득 싣고 어느 마을 대감집 부근을 지나는데 마침 문이 열려 있어서 수레를 끌고 안으로 들어갔다. 인기척이 없어 이리저리 두리번거리던 중 우연히 우물가에서 눈부시게 빛나는 은 세숫대야를 보았다.

'견물생심'이라 아무도 보는 사람이 없자 젊은이는 은 세숫대야를 배추더미 속으로 집어넣고 그냥 나오려고 하는 찰나— 그때 마침 주인 대감마님이 대문으로 들어오다 서로 마주치게 되었다. 순간 당황하여 망설이고 있는데 대감마님이 말하였다.

"이보게 젊은이, 배추포기를 여기다 풀어주게. 마침 김장 때도 되고 했으니 시장 갈 일도 없이 잘 됐네."

다른 때 같으면 즐거워서 휘파람이라도 불겠지만 오늘은 그 말이 원망스럽기만 하고 이 일을 어찌해야 할지, 후회를 해도 이미 엎질러진 물. 대감 앞에 엎드려 사실대로 고백을 하고, 이놈을 관가로 잡아들여 벌을 받게 해달라고 하면서 배추더미 속에서 은 세숫대야를 꺼내놓았다.

그것을 물끄러미 쳐다보던 대감이 조용히 입을 열었다.

"젊은이, 나는 자네가 그걸 훔치는 것을 보질 못했네. 그냥 지나쳐 가버렸어도 몰랐을 텐데 솔직하게 털어놓고 용서를 비니 그나마 다행일세. 자네의 그 행위는 벌을 받아 마땅하지만 진심으로 참회를 하니 내가 용서해주겠네. 그리고 이 배추도 다 사줄 테니 내려다 놓게. 또한 자네가 갖고 싶어 했던 이 세숫대야도 자네에게 주겠네. 하지만 나와 꼭 약속해야 할 것이 하나 있다네. 그건 바로 관수세심觀水洗心일세. 세숫대야는 원래 사람의 손발과 얼굴을 씻는 도구지만 자넨 손발을 씻기 전에 먼저 마음을 깨끗이 씻고, 그 다음에 손발을 씻는다면 다시는 이런 생각이 들지 않을 걸세."

젊은이는 도둑놈으로 관가에 끌려가 죽을 고생을 할 줄 알았는데 인자한 대감이 배추를 팔아주고 은 세숫대야까지 주자 고마움에 눈물이 앞을 가려 말도 제대로 올리지 못하고 집으로 돌아왔다.

부인과 다섯 아이들을 모두 불러 앉혀놓고 그날 일어났던 얘기를 숨김없이 다 하면서 은 세숫대야를 보여주고는 대감마님의 가르침을 절대로 잊지 말아야 한다고 얼마나 진실하게 가르쳤던지, 훗날 그 자식들이 커서 정승의 반열에 2명이나 올랐다는 얘기이다.

그런데 오늘, 한 수감자가 지난 법회 때 감명 깊게 들었던 관수세심에 대한 설법을 한 번 더 들려주시면, 그때 듣지 못했던 새 수감자들이 개과천선하는 마음을 갖지 않을까 생각한다면서 부탁을 한 것이다.

나는 오늘 더없이 즐거운 마음으로 법회를 마쳤다. 우리는 때로 어떤 사람을 평가할 때 외모나 학력, 주위 환경 등 나름대로의 잣대를 대면서 판단한다.

허나 그것은 잘못된 생각과 사고이다.

나는 오늘 그 수감자를 통해 인생의 또 다른 법문을 들었다. 그의 말은 여느 큰스님의 법문보다도 더 감명 깊은 얘기로 나의 가슴에 내려앉는다.

 우리 만남은 우연이 아니야~

옷깃만 스쳐도 인연이라 했던가. 알 만한 사람은 다 한 번쯤 불러 본 유행가 가사이다.

지구상의 많고 많은 사람들. 피부색깔이 다르고, 언어가 다르고, 생활환경이 다르고, 그 생김새도 다르고 다른 사람들. 60억 명이 넘는다는 하고많은 사람들 중에 나를 아는 사람은 과연 몇 명이나 될까?

성현의 말씀에 "동석대면도 일백생의 인연이요, 부부 인연은 오백생의 인연"이라 했다.

서로 마주보고 앉아서 얘기를 주고받을 수 있는 일도 백 번을 태어나서 백 번을 죽고 나야 만날 수 있다는 뜻이고, 부부는 그 인연이 오백 번을 태어나서 죽고 다시 태어나는 일을 지나야만 이루어진다는 뜻이다.

사람 하나 알고 사귀기가 그만큼 소중한 인연 뒤에 온다는 뜻이리라.

기억하진 못하지만 어느 강의에서 연사가 하는 말씀에, 사람이 평생 살아가면서 천 명을 사귄 사람은 더없이 성공한 사람이요, 백 명의 이름을 술술 외울 수 있다면 그 사람은 잘 살아온 사람이라고 하는 것을 들었다.

사실 나도 망설여진다. 친인척을 제외하고 나를 아는 사람이 몇이나 되며, 내가 기억할 수 있는 사람이 몇 명 정도나 될까? 사람이 사람을 만나는 인연은 얼마의 확률일까?

우리는 만나지 않을 확률이 더 많은 사람들이다. 이 지구상에 존재하는 많은 사람들 가운데 우리가 만나는 이들은 너무나 적은 수이다. 그런데도 우리는 마치 우연처럼 만났다. 그래서 나를 아는 사람들이 더욱 소중하게 느껴지는 게 사실이다.

우리는 어떻게 만나게 된 것일까?

수많은 전생이 아니고는 이 우연에 가까운 만남을 어떻게 설명할 수 있을까? 이러한 만남은 너무나도 긴긴 시간 후에야 오는 것이다. 우리가 만약 누군가를 미워한다면 우리는 일백생의 긴 시간을 미워하는 것이고, 지금 이 만남을 사랑한다면 일백생의 긴 시간을 사랑하게 되는 것이다.

인생은 일회적인 삶이 아니라 세세생생 연속된 삶이 전개된다.

우리는 이 현실을 내생과 단절해서 생각하지 말아야 한다. 다음 생이 있음을 안다면, 우리는 서로 사랑하고 서로 도와가는 삶을 살아야 한다. 그렇다면 어떻게 짧은 한순간의 자기 이익을 챙기기 위해 다른 사람에게 불쾌감을 주고 피해를 주는 일을 할 수 있겠는가?

삶은 모든 것을 헤쳐 이겨나가는 것이다. 우리에게 다가온 삶이라는 인연을 절망과 좌절로 방치할 수 없다.

어려워도 이겨내는 사람이 진정 아름다운 인연을 만들어 가는 사람이다.

# 행복이란

사람은 누구나 행복하기를 원한다.

좀 더 나은 환경에서 보다 잘살고 싶어 하고 다른 사람보다 풍족하게 부자로 살고 싶어 한다. 그러나 행복한 사람과 부자는 엄연히 다르다. 부자는 그 기준부터가 애매하다. 우리가 부자라고 할 때 그 기준은 무엇인가? 10억, 20억……?

사람의 욕심 가운데 가장 탐욕스러운 것이 바로 소유욕이라고 한다. 어떤 사람이 1억을 모을 목표로 쓸 돈 아껴 가며 고생 끝에 1억을 모았다고 한다면 그 사람은 과연 어떻게 할까? 1억을 모으느라고 구두쇠 짓을 했으니까 친구들을 불러놓고 밥도 사고 술도 사주고 그동안 못다 했던 취미생활도 즐기고 그럴까?

천만에! 그 사람은 곧바로 2억을 목표로 더더욱 절약하고 수전노 짓을 하면서 더욱 궁핍한 생활을 할 것이다. 물론 다 그렇다는 건 아니지만…….

이런 사람들은 나중에 부자로 살 수 있을지는 몰라도 결코 행복하지는 않은 사람이다. 돈의 노예밖에 될 수가 없기 때문이다.

우리나라의 재벌총수들, 대기업 사장님들, 권력을 가진 분들…… 이런 사람들은 부자이고 성공한 부류라고 말할 수 있을지는 몰라도 행복한 사람들은 아니라고 생각한다. 그들은 경제적인 풍족함 속에서 여유로운 생활을 하겠지만 마음 편히 하루하루를 보내는 사람은 극히 드물 것이다. 회사에서, 직장에서 일어나는 모든 일들에 신경을 써야 하기 때문이다. 조직관리, 수출, 원자재 수입, 유가상승, 환율인상, 금융결재, 경쟁 업체와의 경쟁, 신제품 개발 등등 몸이 열 개라도 부족할 만큼 바쁘고 스트레스의 연속인 나날들일 것이다.

이러니 맘 편히 쉴 수 있는 날이 얼마나 되겠는가? 이러고도 그들을 행복하다고 할 수 있겠는가?

그러나 행복한 사람은 그 기준이 뚜렷하다. 본인이 행복하다고 생각하는 사람은 당연히 행복한 사람이다. 하루하루를 편안하고 즐거움 속에서 사는 사람들은 행복한 사람이다. 그런 사람들은 늘 마음이 평온하며 항상 웃음이 얼굴에 가득하다.

어떻게 하면 즐겁고 편안하게 지낼 수 있을까?

하루 중에 제일 시간을 많이 보내는 곳에다 투자를 해보면 어떨까? 많은 사람들이 시간을 가장 많이 보내는 곳이 잠을 자는 침실이라 생각된다. 그 다음이 직장이 있는 사무실 책상이다. 특급호텔을 가보신 분들은 느껴봤을 것이다.

깔끔히 정돈된 침구와 하얀 시트—

은은한 실루엣이 보이는 간접조명—

간결하면서도 적절히 배치된 소품들—

이런 것들이 우리로 하여금 마음을 설레게 하고 기분을 좋게 한다. 비싼 돈을 지불하고도 기분이 나쁘지 않은 게 바로 이 때문이다.

우리의 침실도 조금만 변화를 주면 상쾌한 기분을 느낄 수 있을 것이다. 바늘귀도 꿸 수 있을 만큼 환한 침실의 형광등 불빛보다는 스탠드에 갓등 하나 켜두면 제법 분위기를 느낄 수 있는 간접조명이 될 것이다. 또한 어지러이 배치된 소품보다는 계절에 어울리는 간결한 소품이 더 돋보이는 법이다.

직장인들에겐 사무실 책상 한편에 투박한 질그릇에 담긴 앙증맞은 야생화 분재 하나 올려두면 어떨까? 계절 따라 바꿔가며 바라보는 센스에 동료들의 부러움을 독차지할 것이다. 이런 사람들이 행복한 사람들이다. "일체유심조"라, 모든 게 마음에 있다고 하지 않던가.

행복하자고 하면 행복해지는 것이 우리의 마음이다.

정수관
# 이야기

법운암 암자 주차장 옆, 숲으로 조그마한 건물 한 동이 자리하고 있다. '정수관'이란 현판이 걸려 있고 화장실과 부속 창고로 쓰이는 이 건물엔 사연이 있다.

작년 가을쯤으로 기억되는 어느 날, 중년을 넘긴 보살님 두 분이 절에 찾아왔다. 법당을 참배하고는 처음 온 듯 경내 이곳저곳을 돌아보고는 주지스님을 찾았다.

그때 마침 난 일을 하느라고 작업복을 입고 있었기에 내가 주지라고 말하고는 자리를 권해 앉은 다음 무슨 일로 오셨는지 물었다. 조금 망설인 끝에 아들 제사를 절에서 지내면 좋겠는데 어떻게 하면 되는지 절차를 알고 싶어 했다.

나는 집에서 아들 제사를 지내기가 어렵고 불편해서 그런가 생각하고, 언제든지 시간 나실 때 영정을 모셔오면 간단한 입재절차를 거쳐 절에서 지내면 되니까 경비만 준비해 오시면 된다고 말씀드렸더니, 그게 아니었다.

그동안 아들이 병고에 고생하다 한 열흘 전에 세상을 떠났는데 지금 다른 절에서 49재를 지내고 있는 중이었다. 경황 중에 우선 가까운 곳에다 모셔 두었는데 평생 제사를 그곳에서 지내기가 정이 들지 않는다면서 이곳으로 데려왔으면 좋겠다는 것이었다. 처음에는 좀 까탈스런 분이라는 생각도 했지만 그럴 수도 있겠다는 생각을 했다.

부처님 말씀에 모든 게 인연이라지 않던가?

어쨌든 49재 회향을 마치고 영정 사진을 절로 모셔오기로 하고 내려갔다. 그런데 잠시 뒤 다시 올라 오시더니 이 절에 혹시 불사를 계획하는 일이 없는지 물어왔다. 그래서 당장은 불사 계획이 없고, 특별히 새로운 일이 있다면 내년쯤에 화장실을 수세식으로 지을 생각이라고 말했다.

그러자 그 보살님은 당장 화장실을 짓는 데 시주를 하겠다고 하면서, 경비가 얼마나 드는지 알아봐달라고 약속을 하고는 가는 게 아닌가?

조금은 황당한 일이었다. 이 일을 어떻게 추진해야 할지……. 우리 절에 자주 오는 신도님도 아니고, 화장실 건축경비가 적게 잡아도 천만 원은 더 들어야 될 것 같은데 얼마를 시주할는지도 알 수 없었다. 또한 불사는 부처님봉안불사, 기와불사, 법당신축불사, 범종불사 등에 설판 시주를 하는 분들은 더러 있지만 화장

실을 짓는 데다 거금을 시주하는 분은 들어보지도 못했고 처음 있는 일이었다.

그렇게 며칠이 지나고 그 보살님이 다시 찾아왔다. 그리고 지나가는 말처럼 약속한 천만 원 뭉칫돈을 주고는, 혹시 모자라면 추가경비는 다음에 더 드리겠다고 하고 추워지기 전에 빨리 시작하라고 하였다.

약 20일 동안의 공사를 마치고도 한 번 둘러보지도 않더니, 아들 49재 회향하는 날, 영가를 모시고 절을 찾아왔다. 간단한 입재 절차를 마치고 화장실과 창고를 둘러보고는 '정수관' 현판에 대한 얘기를 말씀드렸더니, '부끄럽게 무얼 이런 것까지 달아 주셨냐'고 얼굴을 붉힌다.

"경비가 많이 추가됐을 텐데 얼마를 더 드리면 되느냐?"고 하기에 "생각지도 못한 큰돈을 시주해 주셔서 신도님들이 깨끗하고 청결하게 사용할 수 있게 되어 감사한데, 추가 경비가 무슨 말씀이냐고, 나머지 금액은 절에서 충당했으니 걱정 마시라"고 하였더니

"스님, 화장실 경비 불사금은 제가 다 하기로 약속했으니까 추가금액은 드리고 가겠습니다. 스님께선 먼저 간 아들 왕생극락이나 잘 빌어 주십시오."

끝내 보살님은 나머지 오백만 원의 추가 경비를 놓고 가셨다. 그 보살님은 아직은 신심을 갖고 절에 꾸준히 다니는 분은 아닌

듯했는데, 마음씨나 행동 하나하나가 평생 절을 다닌 보살님들 못지않았고, 말 한마디에도 여간 겸손하지가 않았다.

난 아직 보살님이 뭘 하는지, 사는 형편이 어떠한지도 잘 모른다. 하지만 조금은 이해할 것 같다. 부군과 일찍 사별하고, 의지하며 기대어 살아왔던 아들마저 갑자기 잃어버리고 나니 이제 어디에다 정을 붙이겠는가?

인연 따라 먼저 가신 그들을 위해 정성을 쏟고 남은 여생을 보내려는 간절한 염원을……

그렇지만 진정 보살 같은 마음이 없으면 실행하기 어려운 참다운 보시행이 아닌가. 그 고마운 뜻 오래도록 보전하고자 현판을 보살님의 이름을 따 '정수관'이라 지었다. 허리 때문에 수술로 고생하시는 정수 보살님, 하루빨리 완쾌되길 부처님 전에 빌어본다.

# 비움의
# 미학

 삼일수심 천재보 三日修心千載寶

백년탐물 일조진 百年貪物一朝塵

불교 기초교리인 「초발심자경문」에 나오는 글귀이다.

삼 일 동안만 마음을 갈고 닦아도 천 가지 재물과 보물을 가진 것 같고, 백 년 동안을 탐내어 욕심껏 재물을 모으는 것은 하루아침의 티끌과 같이 허망하다는 내용이다. 평생을 살아가면서 새기고 또 새겨봐야 할 의미심장한 말씀이다.

육바라밀의 보시행 또한 이 글귀와 다르지 아니하니, 부처님의 가르침은 어디에서나 비움의 가르침을 말씀하지만, 어렵고 각박한 사바세계에서 그 뜻을 따라 행하기는 여간 어려운 게 아니다.

언젠가 산중 암자에서 열반을 얼마 두지 않으신 듯한 노스님들을 뵈었다. 시간의 흐름과는 무관하게 기도하시는 노스님들의 열정을…….

그분들을 대하면 은은히 번져오는 삶의 향기를 느낄 수 있다. 모든 것을 덜고 또 덜어 아무것도 쥐지 않은 빈손으로 욕망의 시간들을 거두어내고 있는 노스님들의 눈빛을 뵈면 우리가 행하고 있는 초점 없는 욕망의 시간들이 얼마나 부질없는지 깨닫게 된다. 무소유의 삶을 몸소 실천하시는 법정스님께서도 지인에게 선사받은 '난蘭' 때문에 여름날 출타를 하다가 변덕스런 날씨로 인해 오르락내리락하셨다는 일화는 너무나도 유명하다.

산승의 소유물엔 '삼의일발三衣一鉢'이면 족하다고 했거늘—

내 주위에 지니고 있는 과분하리만치 거추장스런 것들, 언제쯤이면 미련 없이 놓을 수 있을는지…….

# 2012년

모처럼 영화관엘 갔다. 요즈음 세인들로부터 많
은 관심을 받고 있는 "2012년"을 보기 위해서이
다. 지구의 종말을 주제로 한 영화지만 종교적인 영화와는 다소
거리가 먼, 공상 과학적이고 그러면서도 인간적인 휴먼드라마라
고나 할까.

중세 유럽의 세계적인 예언자 '노스트라다무스'의 자서전에는
2012년 12월 20일까지의 예언들만 적혀 있고 그날 이후엔 아무
기록도 없다고 한다. 예언이 없다는 얘기는 바꿔 해석하면 '종말'
이 올 수도 있다는 뜻으로 해석될 수도 있다. 그는 관동 대지진, 케
네디 암살, 2차 세계대전, 인간 달 착륙, 히로시마 원폭 투하, 소련
의 붕괴, 9.11 테러 등 지구상에 일어났던 크고 작은 일들을 정확
하게 맞춘 예언가이다.

기독교의 일부 교파에서도 지난 1999년, 지구의 종말이 온다고

휴거다 뭐다 해서 세상을 떠들썩하게 해놓고는, 정작 그날이 지나고 나서는 어떻게 해서 종말이 안 왔는지, 아니면 왔다갔는지 그 누구도 속 시원히 해명해주질 않았다. 그런데도 그 회사는 지금도 성업 중이다. 내 생각엔 그분들의 기도와 신앙심에 감복한 하나님이 아마 종말을 연기시켰는지도 모르겠다. 역시 종교의 힘은 그 무엇으로도 바꿀 수 없는가 보다.

영화의 간추린 내용을 보면, 지구의 온도가 점점 올라가면서 나타나는 지표면과 해저의 지진과 화산을 시작으로 머지않아 지구가 폭발함으로써 일어날 수 있는 가상을 주제로 한 드라마다. 세계 선진국 정상들이 모여 해결책을 모색하는데, 지구가 폭발하기 전에 초대형 잠수함을 띄워 사람과 가축, 생물 등 지구상의 마지막이 될 표본들을 하나씩 싣고 지진과 화산 폭발, 그리고 해일로 뒤덮인 지구를 헤쳐 나가는 장면이 압권이다.

그러나 이 영화에서도 물질만능주의의 논리를 여실히 보여준다. 거대한 잠수함을 타는 데 한 사람에 10만 유로라고 하니 돈 없는 사람은 탈 수 없고 선택받은 사람들만 살아남는다는 것이다. 하기야 지구상에 인구가 60억 명이 넘는다는데, 당장 잠수선 4척을 만들어 한 척당 10만 명을 승선시킨다는 억지가 코미디에 가까운 드라마이기도 하다.

요즈음 TV매스컴을 보면 환경을 중요시하는 프로가 자주 나온다. "환경 스페셜" 자연탐사 다큐멘터리도 내가 즐겨보는 프로이다. 이런 프로그램들이 많아지는 것은 정말 다행스런 일이다.

저탄소 녹색성장을 표방하는 많은 기업들과 단체들, 그리고 공공기관에서의 홍보를 보면서, 또한 세계적으로 기후와 환경에 관심을 갖고 탄소 배출량을 줄이자는 세계 정상들의 모임을 보면서, 지구 종말은 영화 속의 이야기일 뿐 우리의 미래는 아니라는 확신을 갖는다.

# 산사(?)
# 음악회


오늘이 시월 보름—

이맘때면 사찰 주변이 단풍으로 가장 아름다울 때이다. 수령 200년은 됐음직한 단풍나무는 마치 마지막 열정을 태우는 듯 온통 붉은색으로 활활 타오르는 듯하고, 이웃해 있는 은행나무는 노오랗게 물들어 흔들리는 바람에 꽃비가 내리는 듯하다.

만추에 느껴보는 가을의 향연이라고나 할까?

출가한 지 27년 동안 신도님들의 시줏돈만 축낸 것 같아 그분들에게 조금이라도 보답해야겠다는 생각에, 다음 법회 때 깜짝 이벤트를 선사하겠다고 얘길 했더니 반응이 대단했다.

예전에 취미로 기타와 색소폰을 진작에 준비해 놓고도 자주 해보질 않았는데, 막상 연습이라고 하니 몸 따로 마음 따로 제대로 되질 않는다. 하지만 어쩌랴!

약속은 지켜야 하고 오늘이 바로 그날인 것을—

법회를 마치고 기타와 반주를 하면서 서툰 솜씨로 노래를 몇 곡 불러 드렸다. 스님은 원래가 부끄럼을 타서는 안 되는 법. 배포가 웬만큼은 있다지만 실력이 따르지 않으니 무안할 수밖에.

어쨌든 노래를 마치고 감사의 인사를 드리니 우레와 같은 박수와 환호에 법당이 떠나갈 듯하다. 다시 색소폰으로 서너 곡을 연주해드리고 마치면서 부족한 부분을 좀 더 연습해서 내년쯤엔 멋진 음악을 선사하겠다고 말씀드렸더니, 다시 한 번 박수와 환호에 부처님까지 놀랄 판이다.

어느 보살님은 언제 준비를 해왔는지 꽃다발을 전해주셨다. 앞으로 자주 이런 기회를 만들자는 얘기도 한다. 기타와 색소폰의 연주 실력은 아직 형편없지만, 신도들을 생각해주는 스님의 마음을 아는 듯 우리 보살님들 관람 매너는 최고 수준이었다. 난 오늘 또 한 번 평범한 진리를 깨닫는다.

송충이는 솔잎을 먹어야 되고
가수는 노래를 해야 하고
중은 염불을 해야 한다고…….

대개의 경우 종교를 갖고 신앙생활을 하는 사람은 종교를 갖고 있지 않은 무신론자들에 비해 대인관계에서 좀 너그러운 편이다. 하지만 그 대인관계가 같은 종교를 믿지 않는 이교도일 때는 오히려 무신론자보다도 더한 옹졸함이 있는 것 같아 안타까울 따름이다. 너그러웠던 아량이 갑자기 움츠러들어 고슴도치처럼 가시를 돋우는 것이다.

가끔 스님들이 물건을 사기 위해 가게에 들어가면 가게주인은 손사래를 치며 "우린 예수를 믿습니다." 하고는 쫓아내다시피 한다. 뭘 얻으러 온 탁발승으로 오인하고 한 말일 것이다. 뿐만 아니라 기독교인들끼리 산사에 놀러 와서 어쩌다 찬송가라도 부를라 치면 이를 넉넉하게 포용하지 못하는 스님들 역시 마찬가지다.

이와 같은 쓸쓸한 현상은 어디에서 오는 것일까? 자기가 믿고 있는 종교적인 신념에서라기보다는 이교도라면 무조건 적대시

하려드는 배타적인 감정이 앞서기 때문이다.

자기가 믿고 있는 종교만이 유일한 것이고 그밖의 다른 종교는 미신으로 착각하고 있는 맹목적인 믿음 때문이라 생각된다. 이렇듯 독선적이고 배타적인 선민의식이 마치 자기의 신앙심을 두텁게 하는 일인 것처럼 알고 있기 때문에 스스로의 시야를 가리게 된다. 정작 믿음이 독실한 신자들은 오히려 남의 종교를 배척하려 들지 않는다.

일반적으로 종교는 그것이 발생한 시대와 사회적인 배경으로 인해서 각 종교마다 그 형태는 다를 수도 있겠지만 그 본질에 있어서는 같은 것이다. 종교는 인간이 보다 지혜롭고 자비롭게 살기 위해 있는 하나의 길이기 때문이다.

그러므로 종교는 한곳으로 이르는 개개인의 길과 같다. 같은 목적의 길이라면 따로따로 길을 간다고 해서 조금도 허물이 되질 않는다. 사람들은 저마다의 특유한 사고방식과 취미와 행동양식을 지니고 있기 때문이다. 요즈음 들어 종교계에서도 많은 각성을 하고 서로의 장벽을 넘어 서로 유대하며 왕래하는 모습을 보여주고 있어 무척 다행한 일로 생각한다.

올바른 종교와 믿음은 본래 사람의 마음을 넉넉하게 하지만 그릇된 사고의 종교관은 오히려 사람의 마음을 옹졸하고 독선적으로 만든다. 그릇된 종교관을 버릴 때 비로소 참된 신앙과 믿음이 생기는 것이다.

## 육일약국
## 갑시다

온라인 강좌 메가스터디와 기업형 약국인 육일 약국을 운영하면서 연매출 백억대의 매출실적을 올린 성공신화의 주인공 김성오 회장의 글을 읽고 감명 깊었던 내용을 간추려 옮긴다.

1980년대 중반, 그는 마산의 변두리 교방동 맨 꼭대기 공터 부근에 육일약국이란 가게를 냈다. 사회 첫발을 내딛었을 때 가진 것이라곤 서울대 졸업장과 600만 원의 빚이 전부였다. 자본이 없다 보니 변두리에 약국을 차리게 되었고, 택시기사들이 거기가 어디쯤이냐고 물어도 가르쳐 주기도 힘든 지리적인 환경이었지만 택시를 탈 때마다 육일약국을 가자고 했다. 당시 교방동은 버스에서 내려서도 10분 정도 더 가파른 길을 올라가야 하는 곳이었다. 택시 포인트가 없는 변두리였기 때문이다.

'그래, 우리약국을 랜드마크로 만들자!'

볼품없는 작은 약국이지만 사람들이 알기 쉽고 택시기사들이 편하게 찾을 수 있다면 될 것이다. 그러기를 6개월—

택시를 이용할 때마다 기사들의 반응을 살피며 중간 체크에 들어갔다. 최선을 다했으나 노력한 만큼 결과가 나오지 않으면 과감하게 접을 용기도 필요하기 때문이다. 성공에 대한 열망은 강할수록 좋지만 실패에 대한 미련은 짧을수록 좋은 것이다.

근데 기사들의 50퍼센트 정도가 육일약국을 알고 있었다. 동네 주민들도 육일약국 가자는 소리가 자연스럽게 나오고 있었다.

그렇게 1년이 지난 어느 날, 창원에 볼일이 있어 상남동 끝에서 택시를 타고 육일약국을 가자고 했다. 지금이야 마산, 창원, 진해가 통합이 되어 그렇지만 그때 당시엔 당연히 시외 대절료와 함께 창원에서 마산시내 변두리의 육일약국을 알기엔 힘든 일이었다. 아차! 싶었다. 마산도 아닌 창원에서 무조건 육일약국을 가자고 하다니. 순간 기사님은 택시를 출발시키며

"마산 창원에서 택시기사 한 달하고 육일약국 모르면 간첩이라 안 합니까! 근데예, 그 쪼개만 약국이 와 그리 유명한지 모르겠습니다. 약이 싼가? 조제를 잘하나? 약사가 잘생겼는지, 좌우간 유명하기는 엄청 유명하데예!"

순간 눈앞이 뿌예지면서 가슴이 뭉클하였다. 그간의 노력이 인정받는 순간이었다. 누가 시킨 일도 아니고 큰돈을 들인 것도 아

니다. 아무도 알아주지 않는 일을 끈기 하나로 이어온 결과였다.

처음에는 남들의 비아냥 속에 자존심 상한 일도 많았다. 서울대 약대 나온 사람이 구멍가게만 한 변두리 약방 차려놓고 아등바등 한다고 말해댔다. 무심코 내뱉는 사람들의 말 한마디가 그에게 비수가 되어 꽂혔다.

무언가 바꿔야 살아갈 수 있다. 손님들께 더욱 친절히 하고, 상담시간을 길게 하고, 고객차트를 만들어서 달달 외우기 시작했다. 고객이 많지 않으니까 가능한 일이었다. 마침 아는 손님이 와서 "김영희 씨, 그래 지난번 편도선염은 좀 어떻습니까?" 하면 그럴 때마다 상대방은 깜짝 놀란다.

"야아, 우리 약사님 천재 아입니까?"

손님들은 이구동성으로 같은 반응을 보인다. 그도 처음부터 번듯한 가게에서 손님이 많았다면 손님이 귀하다는 간절한 의미를 몰랐을 것이다. 손님이 너무 없어 간절하다 보니 한 사람 한 사람의 고객이 귀함을 알게 된 것이었다.

흔히 말하는 고객감동을 실천한 셈이다. 고객은 기대에 못 미치거나 기대와 비슷할 때는 절대로 감동을 느끼지 않는다. 생각지 못한, 기대치보다 더한, 확연히 다른 서비스가 이루어질 때 비로소 감동하게 된다. 어느 가게가 고객에게 친절하며 만족을 느끼게 해준다면 그 고객은 자기 주위의 8사람에게 친절도를 설명하면서 추천을 하지만, 반대로 불친절하고 하자가 있는 물품을 팔았다면 주위의 24사람에게 그 가게에 대해 불만을 전파한다고 한다. 친절과 불친절의 전파가 3배 이상의 차이라니 놀랍다.

또 한 가지 명심할 것은 "영원한 단골은 없다"는 것. 고객은 버스터미널에서 버스가 오기를 기다리는 사람과 같이 언제든 떠날 준비가 되어 있다.

하자가 있는 상품은 교환해줄 수 있지만 서비스에 불만을 품고 마음이 돌아선 고객은 다시 붙잡을 수 없다. 나는 손님을 비교할 수 없지만 고객은 언제나 비교를 하고 좀 더 나은 가게를 선택한다. 모든 사업의 성공여부는 본인 마음에 달려 있다. 고객의 마음이 내게로 향하고 있는가, 아니면 내게서 떠나가고 있는가. 사람의 마음을 내게로 향하게 하려면 그들을 감동시키는 수밖에 없다. 그 요소는 바로 주는 것이다. 꼭 물질이거나 금전적일 필요는 없다. 주머니 사정이 여의치 않다면 정성과 시간, 그리고 노력을 주면 된다. 그 사람을 위해 칭찬과 지나친 친절을 베풀어 주는 게 흔히 '아부'라고 표현하는데 그렇게 생각지 않는다.

그 많은 가게들 중에 스스로 나를 찾아준 소중한 사람들이다. 그들에게 잘 보이려고 노력하는 것을 누가 천박한 상술이라고 부르겠는가?

요즈음 기업은 감동경영이란 말을 많이 한다. 감동경영은 말로만 되는 것은 아니다. 손님을 향한 마음에 혼을 담을 때 가능한 일이다. 상대방의 마음이 내게로 움직이게 하는 것이 바로 고객감

동, 감동경영이다.

감동부재의 시대—

이럴 때일수록 감동을 주는 사람은 그 희소가치로 인해 더욱 빛을 보게 된다. 기계화, 자동화, 정보화를 외치는 최첨단 시대에 감동 운운하면 촌스럽다고 생각하지만, 사회가 발전할수록 소외되고 외로운 사람들이 많기 때문에 더더욱 감동이 필요하다. 감동경영은 결코 시대에 뒤떨어진 낡은 이론이 아니라 가장 효율적이고 지속적인 경쟁력이다.

사람이 따르는 사람,

손님이 따르는 가게,

고객이 따르는 기업의 힘은 바로 여기에서 나온다. 중요한 것은 사람 마음의 방향이다. 사람은 믿을 수 있는 상대에게 마음과 시간, 돈과 미래를 맡기기 마련이다.

돈만 추구하면 돈과 사람을 모두 잃지만, 마음을 잡으면 사람은 물론 그 외의 모든 것이 따라온다.

조용필
콘서트

벌써 연말이다.

거리엔 크리스마스 캐럴송이 울려 퍼지고 제
법 인파가 붐빈다. 신년 해돋이와 새해 인사로 북적대던 때가 엊
그제 같은데 어느새 12월.

달랑 달력 한 장 남겨두고 있다. 그러고 보면 세월은 진짜 빠르
기도 하다. 어느새 내 나이도 시속 50킬로미터를 넘고 있다. 서행
하던 세월이 속도에 탄력이 붙어 가고 있는 셈이다. 이맘때쯤이면
괜스레 한 해의 지나온 일들을 되돌아보기도 하고 한때 소원했던
지인들 생각에 전화기를 들기도 한다.

하루하루를 보면 그저 평범한 나날인데 우리네 백의민족은 뭔
가를 부여해놓고 그냥 지나치질 않는다. 같이 어울려 놀기 좋아하
는 민족성 때문일까? 어쨌든 이 해가 가기 전에 송년 모임 몇 번은
가봐야 될 것 같다.

모처럼 연말 분위기도 느껴볼 겸 해서 조용필 콘서트를 보러 갔었다. 전국 순회공연차 창원에서 하는 행사였는데 왕복 3시간의 거리를 큰맘 먹고 갔었다. 시간이 되자 약 3,000명을 수용한다는 창원 컨벤션홀이 입추의 여지없이 꽉 들어찼다.

불이 꺼지고 잠시—

한줄기 강렬한 빛이 무대 가운데로 모이는가 싶더니 주인공인 조용필이 나와서 인사를 한다. 홀이 떠나갈 듯 팬들의 열렬한 환호 속에 그룹사운드 '위대한 탄생' 멤버들의 반주에 맞춰 노래를 부르는데 정말 대단하다.

관객들도 흥이 나서 고함을 지르고 손뼉을 치고 몸을 흔들면서 신이 났다. 언제 준비했는지 어떤 사람들은 야광막대를 양손에 쥐고, 또 다른 사람들은 피켓을 흔들면서 환호를 하는데 그야말로 난리다.

음악으로 모든 사람들이 동화되는 순간이다. 관객의 대부분은 40대에서 50대였으며, 일부 60대의 나이 드신 분들도 있고, 더러 20~30대의 젊은이들도 보이는데, 나중엔 누가 애이고 누가 어른인지 구분이 가질 않고 전부가 20대의 젊은이같이 느껴졌다.

가슴이 쿵쾅거리고 소름끼치는 전율 속에 다이나믹한 강렬한 비트의 음악으로, 때론 잔잔한 여울을 걷는 듯, 호소력 있게 우리들의 심금을 울리는 음악으로 2시간 동안을 한 번도 쉬지 않고 열창을 하는 저 작은 거인—

자그마한 체구에 어디서 저런 힘과 기운이 솟아나오는 건지, 음악에 심취하지 않고서는 도저히 해낼 수 없을 거라는 생각이 들었다. 국민가수, 작은 거인이라는 애칭이 우연히 붙여진 것은 아니구나 싶었다.

마지막 곡을 알리는 멘트로 공연이 끝나고도 팬들은 자리를 떠날 줄을 모르고 앙코르를 외치면서 조용필을 연호하며 박수를 치니까 다시 나와서 한 곡 더 부르고선 막을 내렸다. 이게 실황공연의 매력일까?

오길 잘했다는 생각이 든다. 산중에 사는 나에게도 맺힌 뭔가가 쌓여 있었던지, 스트레스가 확 날아가는 듯한 개운함마저 들었다.

그동안 알게 모르게 찌든 어두운 내 영혼이 음악으로나마 맑게 정화된 것이다.

# 성공과
# 실패

 언젠가 신문에서 흥미로운 조사 결과를 본 적이 있다. 직장인들이 가장 듣기 좋아하는 말들은

"수고했어. 역시 자네가 최고야."

"이번 일은 자네 덕분에 잘 끝냈어."

"괜찮아. 실수할 수도 있지."

라는 격려성의 말이었다고 한다. 한마디로 장점을 찾아 말해주는 것이다.

사람은 누구나 장단점을 가지고 있다. 주위의 칭찬과 함께 완벽하다고 하는 사람도 유심히 관찰해 보면 우리가 몰랐던 단점이 나타난다. 그리고 아무리 단점이 많은 사람이라도 긍정적인 면을 찾아보면 그에게 숨겨진 많은 장점을 발견하게 된다. 못하는 것을 자꾸 찾아 들추어내 봐야 그나마 가지고 있던 장점마저 반감시키고 만다.

듣기만 해도 기분 좋고 엔돌핀이 돌게 하는 칭찬이 몸에 밴 사람은 긍정적이란 얘기가 된다. 언뜻 보면 사람의 장점을 찾아내어 칭찬해주는 일이 입에 발린 인사치레 같지만 그것이 주는 힘은 상상 이상이다.

칭찬을 받음으로써 자신이 높이 평가받고 있다는 자긍심과, 이제까지 자신이 깨닫지 못했던 능력을 확인하게 된다. 칭찬은 그런 마음에 용기와 열정을 불어넣어 그 안에 새로운 꿈을 꾸게 하고 가능성을 심어주는 마법이다. 그리고 사람을 성공시키는 비결이기도 하다.

요즈음은 불경기이다.

중동과 북아프리카의 내전으로 인한 유가 상승, 그리고 원자재 인상으로 인한 물가고…… 하지만 이런 와중에도 무섭게 일어나 성공하는 사람들이 있다. 그들은 좀 더 나은 내일을 위해서 끊임없는 노력으로 오늘 하루를 보내는 사람들이다.

아무리 경기가 좋다한들 가만히 앉아 있는 사람에게까지 그 혜택이 돌아갈 리 없다. 주변의 환경보다는 자신의 노력에 따라 호황과 불황이 결정되는 것이다.

그런데도, 열심히 노력을 했음에도 불구하고 끝까지 집중하지 못한 탓에 성공을 못하는 경우도 더러 있다. 조금만 더 신중했더라면, 조금만 더 집중했으면 손에 잡을 수 있는 기회를 날려버린 것이다. 하지만 실패라고 해서 모두에게 똑같은 실패는 아니다.

누구에게는 좌절의 벽이 되고, 또 다른 누구에게는 소중한 경험이
된다.

한 번 뜨거운 커피인 줄 모르고 급히 마셨다가 입속을 데었다고
해서 세상의 모든 커피가 뜨거운 것은 아니다. 커피를 마시기 전
에 냉온의 구분에 신경을 썼더라면 그것으로도 실패를 하나 줄일
수 있었을 것이다.

지금까지 살아오면서 단 한 번도 실패하지 않은 사람이 있다면,
정말 지독하게 운이 좋은 사람이거나 그 무엇도 시도하지 않은 사
람일 것이다.

오늘 성공의 씨를 심으면 내일 성공의 싹이 나오고, 오늘 실패
의 씨를 심으면 내일 실패의 싹을 보게 된다.

지금까지 어떻게 살아 왔는지 중요하지 않다. 오늘을 바꾸는 것
은 나의 자유이며 의지다. 선천적으로 타고난 것, 물려받은 것, 내
가 처한 환경 등을 탓할 필요는 없다. 도와주는 사람 없다고 한탄
할 필요도 없다.

내 인생의 가장 중요한 오늘—

희망과 성공의 씨앗을 심고 정성으로 가꾸면 반드시 성공의 열
매를 맛볼 것이다. 더불어 그 열매를 우리 이웃에게도 나누어주는
것이야말로 성공적이고 보람 있는 삶이라 확신한다.

 90년대 초반 일본 제국호텔에서 있었던 실화 한 토막을 소개한다.

당시 제국호텔은 쉐라톤이나 힐튼, 프라자, 파라다이스, 인터콘티넨탈처럼 세계적인 체인호텔이 아닌 탓에 크게 알려지지 않았던 그저 평범한 호텔이었다.

어느 날, 미국의 저명한 칼럼니스트인 여류학자가 일본 방문차 제국호텔에 투숙하게 되었다. 3박 4일의 일정으로 대학에서 특강을 준비해야 하고, 일본의 정·재계 인사들과도 미팅이 준비된 바쁜 일정이다 보니 다소 한적한 호텔을 찾게 된 것이다. 그녀가 이곳에 묵게 된 또 다른 이유는 제법 큰 규모의 수영장 시설을 갖고 있다는 것이었다. 그녀는 수영 애호가였다.

그날도 바쁜 일정을 마치고 피곤한 몸을 수영으로 풀면서 기분 전환을 하던 중 그만 실수로 콘택트렌즈를 빠뜨리고 말았다. 그녀는 시력이 상당히 좋지 않았던 것이다. 그녀는 빠뜨린 콘택트렌즈를 찾으려고 무진 애를 다 썼으나 넓고 많은 물속에서 렌즈를 찾기란 하늘에서 별을 따는 것만큼 어려운 일이었다.

내일과 모레 일정이 남아 있고 렌즈 없이 도저히 일을 할 수가 없어 부득이 호텔 지배인을 찾아 도움을 청했다. 당시만 해도 미국의 렌즈 기술을 일본이 따라가기가 어려웠던 시절이었고, 일본엔 콘택트렌즈가 제대로 보급이 되질 않았던 때이다 보니 따로 구입조차 불가능했다.

애기를 듣고 난 지배인은 긴급 간부회의를 소집했고 렌즈를 찾기 위해 수영장의 물을 빼내고 샅샅이 바닥을 수색하기로 결정을 내렸다. 약 3시간에 걸쳐 드넓은 수영장의 물을 빼내고 50여 명의 전 직원이 한 시간 동안 바닥을 뒤지고서야 콘택트렌즈를 찾아냈다.

지배인은 렌즈를 찾아들고 그녀에게 전달하면서 "일본에서의 여행이 차질이 생기지나 않을까 걱정했는데 이렇게 찾게 되어 기쁩니다. 아무쪼록 뜻 깊은 여행이 되시기 바랍니다. 불편한 점이 있으시면 언제든지 찾아주십시오"라고 말하며 웃으면서 나가는 게 아닌가!

그녀는 고마움과 감사의 인사를 드리고 일정을 마치고서 미국으로 돌아갔다.

며칠 뒤 일본 제국호텔 지배인 앞으로 소포 한 통이 배달되었다. 감사의 편지와 함께! 미국에서 그녀는 인터넷과 신문에 제국호텔에서 콘택트렌즈를 수영장에 빠트린 일이며, 수천 톤의 물을 빼고서 전 직원이 동참하여 렌즈를 찾아 고객에게 돌려준 감동적인 얘기를 띄워 보냈던 것이다. 그녀는 업무상 세계 유수의 체인 호텔을 많이 다녀 봤지만 일본의 제국호텔 만큼 감명 깊은 서비스는 받아보질 못했었고, 이 생각은 앞으로도 변함이 없을 것이라고 마지막 글을 올렸다.

기사가 나가고부터 제국호텔은 하루가 다르게 바뀌었다. 외국인들이 앞 다투어 예매를 하고, 호젓하고 조용한 호텔이 비즈니스로 분주한 국제적인 호텔로 변모한 것이다.

자그마한 사건 하나가 세계를 울린 것이다. 그냥 평범히 지나칠 수 있는 고객의 실수 하나가 호텔 지배인의 서비스 정신으로 인해 엄청난 광고효과로 이어질 줄 누구도 생각하지 못했던 것이다. 수천 톤의 물값과 모터를 돌려 빼내야 하는 전기료, 수십 명의 인력 낭비, 그리고 다른 손님들의 불편 등 많은 경비와 그로 인한 애로사항도 만만치 않았겠지만, 고객감동의 실현을 위해 어려운 판단을 내렸던 제국호텔의 얘기는 아직도 일본 업계에서 신화처럼 이어져 내려오고 있다.

# 나눔에
# 대하여

 흔히들 우리는 나눔을 물질적인 것으로만 단정 짓지만 그건 잘못된 생각이다. 물론 여유가 있어서 돈이나 물품을 기부하는 것도 나눔이다. 빈곤한 사람들에게는 더없이 고마운 일이요, 또한 그들에겐 꼭 필요한 일이다. 하지만 우리들이 사회생활을 해나가면서 몸과 마음으로 나누고 베풀 수 있는 것은 헤아릴 수 없을 정도로 많다.

가령 운전을 하면서 끼어드는 차량을 보고 차로를 양보하는 일이나 노약자에게 자리를 양보하는 일, 엘리베이터에서 뒤따라오는 사람을 위해 버튼을 눌러주고 기다리는 일, 무거운 짐을 들고 계단을 오르는 사람의 짐을 들어주는 일, 서로 마주치는 사람에게 밝은 표정으로 미소 짓는 일 등등…… 살아가면서 지나치는 일상들에 나눔과 배려가 있다고 생각한다.

나눔에는 무엇보다도 상대방에 대한 배려가 따르기 마련이다.

그렇지만 요즈음은 정말 나눔과 배려에 대한 인식이 줄어들어 안타까울 따름이다. 우리가 생활하고 있는 절에서만 해도 그렇다. 신도들이 향초를 사들고 법당으로 들어오면 촛대에 이제 막 피워 둔 새 초가 켜져 있음에도 불구하고 그 초를 빼버리고 자기가 사온 새 초를 꽂아 놓는다. 앞 사람의 간절한 바람과 정성을 담아 올린 촛불이라는 생각은 해보지도 않고서―

향도 마찬가지이다. 향로에 두어 개 꽂혀 피어오르고 있는데도 굳이 자기가 사온 향을 새로 태워서 법당을 연기로 자욱하게 하는 걸 보면서, 이러면 안 되는데 싶어 법회 때마다 가르쳐도 그게 쉽게 고쳐지질 않는다.

정성들여 부처님 전에 공양을 올리려고 사왔는데 그냥 두고 가려니까 왜 서운한 마음이 안 들겠는가! 하지만 정작 향초가 필요할 때, 그때 소중하게 사용된다면 오히려 더 큰 공덕이 될 것이요. 다음 사람에 대한 나눔의 배려가 될 터이다. 이마저 배려가 되지 않는 이기주의적인 사고방식을 가지고서는 아무리 절을 찾고 부처님을 찾은들 무슨 소용이 있겠는가?

우리 불자들 스스로가 반성해야 할 일이다. 나눔이나 베풂에는 아무런 대가가 없는 무주상보시여야 한다고 하지만 그것에도 반드시 대가가 따르기 마련이다.

물론 나눔이나 베풂은 사심 없이 해야 된다는 깊은 속뜻이 담겨 있지만, 우리가 나누어준 것의 몇 갑절의 보상이 나에게로 돌아온다. 우리가 나누고 베푸는 봉사 이후에 다가오는 뿌듯하고 흐뭇한 마음이 바로 그것이다.

무언가를 나누고 나서 도리어 한 아름 안고 오는 즐거움이 바로 나눔이고 베풂이다.

거짓말과
포기

 장사하는 사람 입에서 나오는 "밑지고 판다", 어르신들이 하는 말에 "늙으면 빨리 죽어야 한다", 노처녀들이 하는 말에 "시집 안 간다", 중국집 주문 독촉에 "지금 막 출발했다"는 말은 가장 흔한 4대 거짓말이라 한다.

사실 이런 거짓말 정도는 생활에 웃음을 주는 애교로 봐줄 수 있다. 하지만 우리는 지금 '거짓말의 벽'에 갇혀 있다 해도 과언이 아닌 시대에 살고 있다. 난처한 상황을 피하거나 자신의 이익을 위해 또는 자신의 힘을 과시하기 위해서 아무렇지도 않게 거짓말을 한다. 실제로 현대인은 8분마다 거짓말을 한다는 얘기를 들었다. 세상에서 쉬우면서도 가장 어려운 것이 바로 사실대로 말하는 것이라 한다.

피치 못할 선의의 거짓말이라도 시간이 흐르면 정정하기란 쉽지 않다. 물론 자신의 실수나 거짓말을 인정함으로써 잠시 난처할 수도 있을 것이다. 하지만 잘못을 인정하면 최소한 용서는 받는다. 그리고 더욱 중요한 것은 더 이상 나빠질 것이 없다는 것이다.

정직은 은행의 예금통장과 같다. 자신이 넣은 정직은 신용과 믿음이라는 확실한 이자를 남긴다. 오래도록 쌓은 신용은 다른 사람이 훔쳐갈 수도 빼앗을 수도 없는 성공의 필수요건이며 실패하더라도 재기할 수 있는 큰 밑천이 된다.

아기들은 일어서는 것을 배우지만 이상하게도 어른이 되면 주저앉는 것을 배우게 된다. 실패한 경험이 많을수록 변화를 두려워하고 새로운 것에 대한 거부감으로 한 걸음 내딛는 것에도 두려움을 느끼기 때문이다. 한마디로 도태되어 간다는 뜻이다. 세상에서 가장 쉬운 것은 포기하는 것이다. 눈앞의 두려움 때문에 포기를

하게 되면 당장의 심신은 편안할 수 있다. 하지만 이는 곧 미래에 대한 불안감으로 돌아온다.

"불가능, 그것은 아무것도 아니다"라는 광고 카피가 있다. 불가능을 본 적 있는가? 눈에 보이지도, 질감을 느낄 수도 없는 허상일 뿐이다. 보이지 않는 불가능 따위에 자신을 방치하는 것만큼 어리석은 사람도 없다.

주위 사람들을 살펴보면 매일 성공하는 사람과 매일 실패하는 사람들의 태도가 다름을 알 수 있다. 전자는 아무리 작은 목표라도 성공을 하면 행복하게 받아들인다. 예를 들어, 오늘 하루 지각하지 않고 출근하겠다고 결심하고 제 시간에 출근했다면 이를 성공으로 느끼고 기분 좋은 아침을 시작하는 것이다.  하지만 후자는 큰일을 성공시키고도 늘 부족하다고 느낀다. 그리고 이들의 공통점은 '~때문에'라는 핑계를 붙이는 것이다.

새가 날기를 무서워하면 둥지를 떠날 수 없고 물고기가 헤엄치기를 무서워하면 드넓은 바다를 볼 수 없다. '천릿길도 한 걸음부터'라는 말이 있듯이 작은 성공을 거듭하다 보면 큰 성공에 대한 노하우가 자연스럽게 생기게 마련이다.

큰 도전이 두렵다면 작은 것부터 시작하자. 먼저 게으름과 나태함과 싸워 자신의 습관과 신념, 그리고 성실함과 친절, 노력과 열정을 모아 승리로 이끌자. 이는 다른 사람이 넘볼 수 없는 자신만의 든든한 자산이 된다.

# 무소유

 우리들에게 비움의 미학과 무소유의 삶을 가르쳐 주고 떠나신 법정스님의 책에 나오는 글귀이다.

남미 콜롬비아 원주민인 인디언들이 보잘것없는 도구로 나무를 자르고 있는 것을 보고 유럽에서 이주해 온 백인이 나무를 잘 자를 수 있는 톱을 선사했다.

다음해에 원주민들이 그 톱을 잘 사용하는지 보기 위해 다시 그 마을을 찾았다. 그들이 도착하자 마을 원주민들이 얼굴 가득 미소를 머금고 환영했다.

"우리는 당신들께 고마움을 어떻게 다 표현해야 할지 모르겠소. 당신들이 이 기계를 보내준 다음부터 우리는 더 많은 휴식을 누릴 수 있었소." 인디언들은 일을 빨리 끝내고 자유로운 시간을 더 많이 갖게 된 것에 크게 만족하고 있었다. 백인들은 자기들처럼 더 많이 갖기 위해 더 많은 일을 했을 거라 생각했던 것이다.

모자랄까봐 미리 준비해 쌓아두는 그 마음이 곧 결핍 아니겠는가? 그들은 그날그날의 삶을 즐길 줄 알았던 것이다. 세상을 살아가는 데 무엇이 필요한지를 잘 알고 있었다. 필요 이상의 것들은 원치 않았던 것이다.

화학제품을 만드는 회사가 아프리카에 진출하였다. 그 나라의 어느 부족에게 비료를 선사하였다. 사용방법에 대한 설명과 함께……. 농부들은 처음 본 그 비료를 밭에 뿌리고 농사를 지었더니 전에 없던 풍작이었다. 농부들은 부족의 추장에게 말하기를

"우리는 작년보다 두 배나 많은 수확을 했습니다."

추장은 잠시 생각하더니 말했다.

"나의 아들들아. 매우 좋은 일이다. 내년에는 올해의 절반만을 경작해 가꾸도록 해라."

그 옛날 인디언과 원주민들은 이미 무소유의 삶을 살아가고 있었다.

 우리는 세상을 살아가면서 늘 웃으면서 즐겁게 살고 있는가? 모르긴 해도 대다수의 많은 사람들은 얼굴을 찌푸리고 불행한 삶을 살고 있다고 말할 것이다. 실제로 행복을 만끽하면서 살아가는 사람은 드물다. 행복한 사람과 그렇지 못한 사람은 표정에서 알아 볼 수 있다.

즐겁고 행복한 사람은 늘 미소 짓고 있고 그렇지 못한 사람은 얼굴을 찌푸린다. 여기서 한번 스스로에게 물어 보자. 나는 늘 웃고 있는 편인가? 아니면 늘 찡그리고 있는 편인가? 우리 중생들은 누구도 전자에만 속한다고 자신할 수는 없을 것이다. 늘 웃고 있다가도 상대방의 말 한마디에 불쑥 솟는 화를 부인할 수 없기 때문이다.

그렇다면 우리는 왜 화를 내는 걸까. 화는 평상시 우리의 마음 속에 숨겨져 있다. 그러다 외부의 자극을 받으면 갑작스레 마음

한가득 퍼진다. 잔뜩 화가 나 있는 사람을 상상해 보라. 그의 표정은 온몸 가득 벌겋게 달아올라 험상궂게 상대방을 압도할 듯하다. 그리고 그 사람의 입에서는 타는 듯한 단내가 난다. 그리고 달기만 하던 침이 쓰기가 이루 말할 수 없다. 그의 말은 아주 신랄하며 상대방을 공격하는 말들로 이루어져 있다. 그와 같은 행동은 그 자신이 매우 고통 받고 있다는 증거이다. 마음 가득 독이 퍼져 있기 때문이다.

이와 같은 사실을 이해한다면 오히려 그에 대한 연민이 생기고 그의 공격적인 말에 동요되지 않을 수 있다. 결국 '화'란 우리 마음속의 일이므로 그것을 다스리는 것 또한 우리 마음속의 일이다. 당장 화가 치민다고 감정을 주체하지 못해 괴로워하지 말고 일단 숨을 고르고 마음을 추슬러야 한다. 화가 났을 때는 내 마음을 돌아보는 것이 가장 중요하다.

그리고 무엇이 나를 화나게 했는지, 상대방이 내게 화내는 이유는 무엇인지, 상대방과 내가 무엇 때문에 싸우게 되었는지 헤아려야 한다. 우리의 마음 밭에는 아주 많은 씨앗이 있다. 기쁨, 사랑, 즐거움, 보람, 아름다움 같은 긍정적인 씨앗이 있는가 하면 짜증, 우울, 절망, 슬픔 같은 부정적인 씨앗도 있다. 우리는 스스로 긍정적인 씨앗에 물을 주고 가꾸려는 노력을 해야 한다. 그것이 바로 자신의 마음을 다스리는 평화의 길이며 행복을 만드는 길이다.

그렇다면 우리를 괴롭히는 '화'는 어디서 비롯되는 것일까. 그

원인은 타인과의 부딪힘, 욕구에 대한 불만족, 과다한 경쟁, 잦은 스트레스 등 헤아릴 수 없을 만큼 잡다하다. 그리고 그 근본적인 원인을 먹는 것에서도 찾을 수 있다.

부처님의 가르침에는 몸과 마음이 별개가 아닌 하나라 했다. "일심동체"가 바로 그것이다. 몸이 곧 마음이고 마음이 곧 몸이라는 뜻이다. 우리가 화를 내거나 절망할 때 혹은 폭력적으로 변할 때 우리의 몸은 먹는 음식과 밀접한 관계가 있다.

식사는 문명의 한 단면이다. 우리가 음식물을 재배하는 방식, 우리가 먹는 음식의 종류, 그리고 그것을 먹는 방법 등 우리가 그것을 어떻게 선택하느냐에 따라서 평화를 가져올 수도 있고 고통을 수반할 수도 있기 때문이다. 음식에도 '화'가 들어 있는 경우가 있다.

예를 들어 무심코 먹는 계란이나 닭고기에도 엄청난 양의 화가 들어 있을 수 있다. 그럴 때 우리는 여과 없이 화를 송두리째 먹는 셈이며, 따라서 그것을 먹고 난 다음에는 그 화를 우리도 모르게 표현하게 된다.

요즈음 닭은 최신시설에 대규모 농장에서 사육한다. 걸을 수도 없고 뛸 수도 없고 홰를 칠 수도 없다. 흙 속에서 먹이를 찾아 먹지도 못하고 늘 비좁은 우리에서 독방생활을 하며 평생을 살아간다. 밤이나 낮이나 서 있어야 하고, 밤낮없이 반복되는 생활 속에 한평생을 갇혀 살아간다고 상상을 해보라. 틀림없이 미쳐버릴 것이다. 그러므로 그렇게 살아가고 있는 닭들도 당연히 미쳐버린다. 또한 닭이 알을 더 많이 낳게 하기 위해서 농장주들은 인공적으로 낮과 밤을 조절한다. 하우스에다 부직포를 씌워놓고 햇빛을 차단하여 깜깜한 밤을 만들어 놓고 몇 시간이 지나면 백열등을 환하게 켜서 훤한 대낮을 만들어 낸다. 지능지수가 낮은 닭은 하루가 지난 줄 알고 또다시 알을 낳는 것이다.

이렇게 해서 하루에 3~4개까지 낳을 수 있다니, 조물주와 농장주는 가히 동급이라고나 할까? 그런 악순환을 반복하는 사이에 닭은 엄청난 화와 좌절과 고통을 안고 살아간다. 그와 같은 닭들이 낳은 계란을 우리가 먹을 때 우리는 닭들과 똑같은 화와 좌절과 고통을 고스란히 먹는 셈이다.

닭뿐만 아니라 우리가 섭취하는 소, 돼지, 오리들도 마찬가지이다. 예전에 없던 성인병과 당뇨, 비만, 각종 암이 이런 육식 위주의 식생활로 인해 더욱 늘어나는 추세이다.

이젠 우리의 식생활을 바꿔나가야 한다. 육식과 인스턴트식품 위주에서 채식과 자연식으로 점차 바꿔야 할 때다. 그래서 건강하고 아름다운 삶을 살아야만 마음의 평화를 얻을 수 있다.

정월<br>대보름

 촉촉한 봄비가 새벽부터 내리더니 나뭇가지마다 영롱한 물방울을 머금고 있다.

지난 겨울 모진 혹한을 견디어내고 이제 막 꽃망울을 터뜨릴 듯 벚꽃나무 가지의 앙증맞은 봉우리에 생기가 넘쳐 보인다. 죽은 듯이 말라 있던 단풍나무의 가지 끝 새순에도 핏기가 도는 듯 불그레한 잎 순이 보일락 말락 한다. 바야흐로 봄의 향연이 시작되고 있다. 오늘은 일년 중 달이 유난히 크고 밝게 떠오른다는 정월 대보름이다.

'설은 질어야 좋고 보름은 맑아야 좋다'는 옛말이 있지만 지금 내리는 봄비는 농사일과 산천초목에는 정말 보약 같은 빗방울이다.

지난 겨울 내내 비다운 비가 한 번도 오질 않았다. 요즈음이야 이곳에도 지하수가 있어서 물 걱정은 안하지만 옛날 어릴 때만 해도 물로 인한 불편함은 말로 다할 수 없었다.

절 도량 아래에 사철 흐르는 개울물이 있었는데 동네 아낙네들의 빨래터이자 피서지였다. 웬만히 가물어선 물이 마르지 않는데 한겨울 가뭄이 길어지면 우물물을 아끼느라 고랑 물을 떠다 허드렛물로 사용했었다. 식수는 따로 용왕새미가 있었는데 바위 틈새에서 나오는 물맛이 일품이었다.

장마철에도 가뭄에도 수량이 거의 일정하게 솟아났는데, 지금은 사용하진 않지만 그래도 그 명맥을 유지하고 있다. 이젠 추억 같은 아련함이 되어 버린 용왕새미의 옹달샘.

정월초의 이슥한 달밤에 손전등을 들고 밭고랑을 한참 지나 물 길러 가던 길이 얼마나 귀찮고 싫었던지—

한겨울의 찬바람과 큰 바위의 시커먼 제 그림자에 깜짝 놀라 어머니 곁에 달라붙어 새가슴을 졸이던 일, 밤 부엉이 울어대면 더더욱 무서워서 방에 들어와서 이불을 푹 덮고 잠을 청해도 한참을 뒤척이며 밤을 지새우던 날들…….

대보름은 뭐니 뭐니 해도 달집태우기가 제격이다. 옛날 어린 그 시절, 동네 한쪽 공터에다 나무와 덤불을 집채만큼 쌓아 올려놓고 이웃동네와 달집태우기를 했다. 훨훨 다 태우고 나면 가릿대로 속불꽃을 피워 올려 불꽃이 크게 퍼지면 그 동네에 풍년이 든다고 좋아했었다.

개구쟁이들은 깡통을 철사에 매달아 구멍을 뚫어 불쏘시개를

넣고 빙빙 돌리면서 쥐불놀이를 한다. 깜깜한 밤에 불이 빙빙 원을 그리며 돌아가는 모습이 요즈음 불꽃놀이처럼 아름다웠다. 자칫 불똥이 잘못 떨어져 이웃 초가지붕을 태우고 했을 땐 마을 사람들이 달려들어 불 끄느라고 난리 법석을 떨기도 했었다.

대보름엔 하루 종일 바빴던(?) 추억뿐이다. 연 날리고, 연탄싸움하고, 달 보러 산에 오르고, 다리 튼튼하라고 다리 밟으러 다니고, 밤에는 달집태우기 하고…….

또한 보름날엔 밥도 아홉 번 먹고 나뭇짐도 아홉 번을 해야 한다고 했다. 겨우내 움츠려 방에만 갇혀 있던 사람들에게 좀 나와서 활동을 하고 많이 먹고 부지런히 일하라는 옛 선인들의 가르침이 아닌가 생각한다.

휘영청 밝은 달은 보이질 않지만 어디쯤인가 밝히고 있을 보름달을 생각하면서 올 한해에도 모든 사람들 행복하고 좋은 일들만 생기길 발원해본다.

# 짚신장수와
# 우산장수

 옛날 아들 둘을 둔 어머니가 살고 있었다.

집안이 가난하여 아들은 행상을 해가며 그날 그날을 지내고 있었다. 큰아들은 짚신을 삼아 내다팔았고 작은아들은 우산을 넘겨받아 파는 행상을 해왔던 것이다. 어머니는 늘 자식 걱정 때문에 마음이 편할 날이 없었다.

어느 날 동네로 시주를 나왔던 스님 한 분이 아주머니에게 물었다.

"보살님, 얼굴에 수심이 가득한데 무슨 걱정이라도 있으십니까?"

"스님, 애들 때문에 늘 걱정이지요. 아들 둘이 장사를 하는데 큰아들은 짚신장사를 하니 비가 오면 짚신을 한 켤레도 팔지 못해서 걱정이요, 또한 작은아들은 우산장사를 하는데 날이 좋으면 우산 하나도 팔지 못하니 어째 걱정이 안 되겠습니까? 이래저래 편한 날이 하루인들 있겠습니까?"

"보살님, 어찌 그렇게만 생각하십니까? 지금부터 생각을 바꿔 보세요. 비 오는 날은 짚신 파는 큰아들 생각을 할 게 아니라 우산 파는 작은아들 생각을 해서 오늘 비가 오니 우산을 많이 팔겠구나 생각을 하고, 또 햇빛 나는 맑은 날에는 짚신을 파는 큰아들 생각을 하면 날마다 즐거운 날이 아니겠습니까? 그러면 보살님의 근심도 사라질 테니 매사에 긍정적으로 생각을 하고 사십시오."

"스님 말씀을 듣고 보니 정말 그렇군요. 이젠 근심걱정 없이 살아가겠습니다."


발상의 전환 하나가 행복과 불행을 바꿀 수도 있다.

# 비만과의 전쟁

 요즈음 세상은 비만과의 전쟁이라 할 만큼 살빼기 열풍으로 온통 난리다.

별로 살찌지도 않았는데 비만이랍시고 병원을 찾는가 하면 다이어트를 한다고 요란을 떨어댄다. 일부 연예인들이 직업상 예뻐 보이기 위해 살을 빼느라 다이어트를 하고 수술을 하는데, 자기도 연예인인 줄 착각하고 빠지지도 않는 살을 무리하게 뺀다고들 난리이다.

하지만 통계적으로 볼 때 우리나라 사람들은 몸매 하나만큼은 '오드리 헵번' 수준이다. 외국을 다니다 보면 주로 서양 사람들, 특히 미국, 캐나다, 그리고 영국, 프랑스, 이태리, 독일, 호주 등 선진국 사람들이 예상외로 비만이 많다. 물론 여유가 있고 육류 소비가 많다 보니 그렇기도 하겠지만, 그 사람들의 몸매는 거의 레슬러나 일본 스모선수처럼 보여도 살을 빼려고 그다지 다이어트를 하지는 않는다.

한다고 해서 빠질 살이 아닌 줄 알아서 그럴까? 하지만 이 사람들은 그날그날을 낙천적으로 즐기면서 살아가고 있다. 그냥 맛있는 것 먹고, 즐기고 싶은 것 즐기고, 하고 싶은 것 하면서 인생을 만끽하고 살아간다. 그들이 외출할 때, 멋쟁이 옷에 사치스런 장신구를 걸치고 시내를 걸어가는 걸 보면 걷는 것이 아니라 이동을 한다는 게 어울릴 표현인 것 같다.

그에 비하면 우리나라는 비만인 사람들이 진짜 몇 안 될 것 같은데 왜 살을 빼려고 난리일까? 모르긴 해도 지나친 열등감에서 비롯되지 않았나 생각한다. 서양 사람들은 육식 위주의 식생활 습관도 이유겠지만 철저한 개인주의 의식이 생활화되다 보니 남보다는 나 개인 위주의 생활방식을 갖게 되지만, 우리나라는 나보다는 남을 먼저 생각하는 공동의식이 뿌리 깊게 내려앉은 탓으로 내 몸매가 이러하면 남들이 어떻게 생각할까를 먼저 생각하는 것이다.

15년 전쯤―

호주 관광길에 시드니에 있는 오페라하우스에서 오페라 공연을 볼 기회가 있어서 갔었다. 우리 일행 앞자리에 정말 뚱뚱한 여자 두 사람이 의자에 앉아서 공연을 관람하고 있었는데 처음 앉을 때부터 부산을 떨며 좌석에 앉더니, 공연이 끝나고 일어서려는데 육중한(?) 엉덩이가 의자에 끼어서 도저히 못 일어나고 애를 쓰다

가, 옆에 있던 신사 분들이 도와서 가까스로 일어나는 모습을 보
았다.

　우리나라 사람들 같으면 부끄러워서 얼굴이 홍당무가 되어 도
망가기 바빴겠지만 그 여자들은 고마웠다고 악수를 청하면서 포
옹을 하고는 서로 대화를 한참이나 나눈 후에 헤어졌다. 아름답게
느껴지는 신선한 충격이었다.

　정말 선진국이란 이런 것인가―

　그 사람들이 살아가는 여유로운 모습과 그 몸매로 전혀 부끄러
워하지 않고 문화예술을 즐기는 당당한 모습에서 그 나라를 지탱
하는 힘을 느꼈다.

　이제 우리도 남의 눈치 때문에, 남의 시선 때문에 망설여왔던
일상들을 떳떳하게 즐기면서 살아보자.

　내 몸이 좀 뚱뚱하면 어때서,

　뱃살이 좀 나왔으면 어때서,

　살아가면서 생기는 연륜인 것을…….

부자 되는
비결

 옛날 개성 송악산 인근 마을에 큰 부자가 살았다.

하루는 젊은 청년이 찾아와서 부자가 되는 비결을 가르쳐 달라고 했다. 이에 부자는 "내가 시키는 대로만 하면 부자가 될 수 있는데 할 수 있겠느냐?"고 하니, 청년은 "무슨 일이든지 시켜만 주시면 다 하겠습니다"라고 다짐했다.

부자는 청년에게 집안일을 시켰고 청년은 열심히 일을 했다. 한 달 두 달…… 이제나저제나 부자 되는 법을 가르쳐 주려나 생각하고 게으름 한 번 피우지 않고 지나온 세월이 어느새 3년이 되었다. 청년은 화가 나서 부자에게 따져 물었다.

"왜 부자가 되는 법은 안 가르쳐 주고 여태껏 부려먹기만 합니까?"

부자가 말했다.

"내가 지금까지 3년 동안 가르쳐 줬는데도 아직 모른단 말인가? 그럼 나를 따라 오너라."

부자는 청년을 송악산으로 데리고 가서 절벽 끝에 서 있는 나뭇가지를 잡으라 하더니 한 손을 놓으라고 했다. 발아래는 낭떠러지이고 두 손을 잡은 가지는 휘어져 금방이라도 부러질 것 같았지만 부자가 되겠다는 욕심에 시키는 대로 한 손을 놓았다.

그러자 이번에는 나머지 한 손마저 놓으라고 하는 것이었다. 그러자 청년은 나뭇가지를 잡고 절벽을 타고 내려와 발끈 화를 냈다.

"그동안 실컷 부려먹더니 이젠 죽이려고 작정을 한거요?"

씩씩대는 청년을 향해 태연한 얼굴로 부자가 말했다.

"자네가 한 손을 놓지 않은 이유는 떨어지면 죽기 때문이지. 부자가 되고 싶다고 했나? 그렇다면 앞으로 자네 손에 들어오는 돈은 지금 놓지 않은 마지막 나뭇가지처럼 절대 놓지 말게. 그리고 3년 동안 열심히 일했듯이 앞으로도 성실하게 일하게나. 그럼 분명 부자가 될 걸세."

진정한 부자는 허튼 곳에 돈을 낭비하지 않으며 성실히 일하고 절약하며 어떻게 쓸 것인가를 고민한다. "부지런한 부자는 하늘도 막지 못한다"는 말이 있다. 부지런하고 성실히 일하는 사람은 주위 사람들이 돕기 마련이고, 설령 사람이 돕지 않는다 해도 하늘의 도움이 따르니 부자가 될 수밖에 없는 것이다.

언젠가 학생들에게 커서 뭐가 되고 싶냐고 물었더니 대부분의 학생들이 부자가 되고 싶다, 돈 많이 벌고 싶다고 했다. 돈 벌어서 뭘 하고 싶은가 물었더니 불우한 이웃을 돕고 싶다, 소외된 사람들에게 지원을 하고 싶다는 건전한 생각을 갖고 있었다.

그런데 조금 미안한 말이지만 그렇게 말한 사람들 중에 십중팔구는 그렇게 하지 않는다. '선 경제적 성취', '후 나눔'이라는 이분법적 생각을 하는 사람은 절대 남을 도울 수 없다. 그래서 시장바닥에서 김밥 팔고 순대 파는 할머니들의 기부가 더 많은 것이다. 가난한 동네에서 동냥주머니가 두둑해진다는 말도 있지 않은가.

생활 속 나눔의 즐거움이란 경험해 보지 않은 사람은 정녕 모른다. 부지런히 일해서 벌고 불우한 이웃, 소외된 가정을 돌보는 일이 얼마나 아름답고 보람된 일인가. 이런 사람이 진정한 부자 이다.

병원에서의
하룻밤

 살다보면 많은 일들이 스쳐 지나가지만, 엊그제 난 여태 살아오면서 처음으로 병원에 입원을 했었다.

내 나이 쉰여섯―

그동안 병원이야 더러 가봤었지만 감기몸살 정도로 링거 주사 맞고 X레이 사진 찍는 검사 외에는 환자복을 입고 입원실에서 밤을 지새운 일은 없었으니까, 그나마 축복 받은 사람에 속한다고나 할까. 그동안 나름 건강하다고 자부하면서 축구다 뭐다 해서 내 몸을 너무 혹사시킨 탓에 허리 쪽에 무리가 갔는지 통증이 심해 병원을 찾았다. 담당의사의 말로는 아직 수술할 정도로 심한 건 아니라면서 주사로 약물 투여하는 시술을 하기로 했다.

여러 가지 검사를 마치고 수술실에 들어가 간단한 시술과 치료를 끝내고 입원실에 들러 동료 환자들과 하룻밤을 보냈는데, 그날 밤 여러 가지 생각을 했었다.

우리가 대가 없이 마시고 있는 공기의 소중함을 깨닫지 못하듯이 내 몸 건강할 땐 으레 그러려니 하고 예사롭게 생각하다가, 정작 내 몸 어느 한 곳이 탈이 나면 그땐 정색을 하고 부산을 떨며 난리를 친다.

하룻밤을 지내면서 여기저기서 코 고는 소리, 들락날락하는 소리에 잠은 설쳤지만 한편으로는 나 자신을 되돌아보는 소중한 시간을 가졌고 살아 있음에 감사하는 마음마저 들었다. 숨 쉬지 못하고 죽는다면 지금 들리는 산만하고 시끄러운 저 소리가 무슨 의미가 있겠는가?

병원엘 가보면 온통 환자들뿐이다. 가벼운 외상환자에서부터 수술을 기다리는 환자, 오늘내일을 기약할 수 없는 중환자까지, 그리고 의사 선생님께 매달려 살려달라고 아우성치는 가족들…….

정말 내 몸 건강함에 다시금 고마울 뿐이다. 사람이 아프고 나면 좀 더 내면적인 성장이 온다고 한다. 아픈 만큼 성숙해진다는 말도 있지 않는가. 퇴원 수속을 마치고 홀가분한 마음으로 밖으로 나오니 몸도 마음도 한결 새롭다. 오월의 훈풍이 코끝을 간질이고, 앞에 보이는 푸른 산이 더욱 아름답게만 느껴지는 건 병원에서의 긴장감이 풀어지면서 느끼는 해방감이 아닐까!

웃음에
관한
얘기

 '일소일소一笑一少 일노일로一怒一老'

한 번 웃으면 한 번 젊어지고, 한 번 성내면 한 번 늙는다는 뜻이다. 사람은 누구든지 웃으면서 살고 싶지 성내면서 살고 싶은 사람은 없을 것이다.

'소문만복래笑門萬福來'라는 말도 있다. 웃음소리가 밖으로 들리면 만복이 들어온다는 뜻이다. '웃는 낯에 침 못 뱉는다', '웃으면 복이 온다' 등…… 웃음에 관한 격언과 속담은 이 외에도 많다.

우리 선조들은 예로부터 풍류를 즐기고 놀이문화가 발달해서 해학과 웃음이 많은 민족으로 알려져 있다. 마당놀이, 오광대, 남사당패, 유랑극단 등으로 명맥은 이어져 내려오고 있지만, 언제부터인가 우리들은 서양 사람들보다 더 자기 표현을 못하고 웃음을 잃어가는 것 같아 안타까울 따름이다. 옛날에 비해 요즘은 오락프로, 코미디프로가 더 많은 비중을 차지하는데도 정작 우리는 웃음에 대해 인색한 것 같다. 그저 소품으로만 만들어내는 억지웃음보다 고인이 된 배삼룡 씨나 이주일 씨 같은 그냥 바라만 봐도 저절로 웃음이 나오는 그런 열정이 아쉽다고 한다면 나만의 생각일까. 그만큼 우리의 정서도 각박해져간다는 증거이다.

아메리카 인디언들의 웃음에 관한 이야기가 있어 소개한다.

인디언들은 아이를 낳고 얼마 있지 않아서 온 동네 사람들을 모두 초청해서 음식을 대접하고 갓난아기를 가운데 두고 거기 모인 사람들 중에 그 아이를 어르고 달래서 제일 먼저, 그리고 많이 웃기는 사람을 웃음부모로 맺어준다고 한다. 웃음부모가 왜 필요한가를 들어보면 그들의 삶의 지혜를 엿볼 수 있다. 충분한 의료시설이 없던 인디언들은 오직 건강하게 오래 사는 비법은 웃음뿐이라는 중요한 사실을 알고 있었던 것이다.

우리나라에서도 옛날 궁궐에 사는 내시들은 항상 손거울을 지니고 다녔다고 한다. 언제라도 임금이 부르면 달려가야 하니, 항상 얼굴 모양이 밝고 웃음기 있는 얼굴을 하고 있어야 했기 때문에 거울을 보며 늘 웃는 연습을 했다고 한다.

이토록 웃음은 나 자신의 건강뿐만 아니라 상대방에게도 즐거움을 주는 일이다. 웃음을 잃은 사람은 환자이다. 그 병을 고치기 위해 웃음치료사라는 전문의가 생길 정도라니, 우리 사회가 얼마나 삭막하고 치열한 경쟁 속에 살아가고 있는지를 말해준다.

웃는 사람 곁엔 늘 많은 사람이 따른다. 굳이 미모를 갖추지 않더라도 얼굴 가득 밝은 미소를 보이며 지나치는 여인들을 보면 가슴이 설렌다. 뿐만 아니라 방긋방긋 웃는 해맑은 아이들을 보면 '천사가 따로 없구나' 할 정도로 귀엽고 예쁘기만 하다.

어디 그뿐인가. 친구들과 담소하며 탁주 한 사발을 들이키고 입가를 쓰다듬으며 함박웃음을 짓는 할아버지를 보면 덩달아 기분이 좋아진다.

흔히들 많이 웃으면 잔주름이 생긴다고 하지만 천만의 말씀이다. 잘 웃는 사람들은 얼굴 근육이 고루 발달되어 늙은 후에도 얼굴 모습이 선하고 아름답게 된다고 한다. 그런데도 웃어야 할 때 안 웃는 사람이 있다면 그 사람은 자기의 복을 차버리는 모자라는 사람이다. 지금부터라도 크게 웃어보자. 하 하 하—

# 우리
# 시대에
# 사라지는
# 것들

오랜 옛적부터 우리의 삶이 배어 있는 터전으로,
또한 물물교환의 수단으로 은행을 대신해왔던
장날이 점점 사라져가고 있다. 이제는 이름을 들으면 알 수 있는
성남 모란장, 부산 구포장, 인천 소래장, 하동 화개장 등 몇몇 곳만
이 명맥을 유지하고 있을 뿐, 대기업들이 자본을 내세워 유통구조
를 개선한답시고 열악한 시골장터까지 잠식하고 있다. 상거래의
기본인 구매욕과 청결함을 충족시키는 서비스나 판매전략이 애
초부터 있을 리 없는 시골장터라, 대기업의 그러한 경쟁력을 이기
기는 어렵다. 그러나 물건을 파는 목적도 있지만 정으로 흥정하다
보면 덤으로 하나쯤 더 얹어주는, 인간 본래의 냄새가 배어 있는
장날이 그립다.

내가 살고 있는 이곳 통영에도 닷새마다 한 번 장이 선다. 하지
만 우리들이 상상하는 그런 장터가 아니다. 크진 않지만 데파트라

는 현대식 상가 앞으로 쭉 둘러앉아 사고파는 재래시장 형태이다.

어릴 적 기억을 더듬어보면, 닷새마다 한 번씩 장날이 다가오면 하루 전날 저녁부터 내일 장 나갈 채비에 분주하다. 시골 아낙네들은 장에 내다 팔 싱싱한 채소며 감자, 고구마, 옥수수, 호박, 오이, 가지 등 돈이 될 만한 물건이면 되는 대로 밤을 새워가며 다듬고 준비를 해놓는다. 간밤에 준비한 채소들이 혹여 시들지 않았는지 물을 뿌려주며 정성을 다해서 머리에 이고 손에 들고 바리바리 챙겨서 아직도 어두컴컴한 새벽길을 나선다. 장터 초입에 들어서면 부지런한 사람들이 벌써 와서 짐을 풀고는 목 좋은 자리를 먼저 잡기 위해 부지런을 떤다. 그도 그럴 것이, 시장바닥 난전의 목 좋은 장소는 그날 하루매상에 큰 차이가 날 만큼 경쟁이 심한 곳이기 때문이다.

하지만 이곳 난전에도 나름대로의 엄연한 질서가 있다. 미곡상이 들어선 쌀전과 참기름집, 옷가게, 신발가게, 그릇점 등 생필품을 파는 곳과 건어물가게, 생선가게, 정육점 등의 어육가게와 채소 및 나무뿌리, 산야초 등의 각종 한약재료, 종묘상, 농약방, 그리고 위쪽으로는 철물가게, 만물가게, 대장간이 쭉 늘어서 있다.

난전 위쪽으로 쭉 늘어선 가건물이 먹거리 시장통이다. 돼지국밥집, 순대국밥, 칼국수, 잡채, 선지국밥, 팥죽, 수제비, 그리고 호박전, 파전, 빈대떡 등등을 파는 곳, 참 그리고 선술집이 빠질 순 없다. 뒤쪽엔 윷판이 벌어지고, 어쩌다 윷이나 모가 나오면 시장통이 떠나갈 듯 난리가 난다.

길 건너 한 블록 지나면 가축시장이 있다. 입구에는 이제 막 젖을 뗀 강아지들이 종이박스 안에 옹기종기 웅크리고 앉아 새 주인을 기다리며 깽깽거리고 있고, 옆의 씨암탉은 발을 묶어놓은 줄도 모르고 탈출을 시도해보지만 번번이 그 자리에 꼬꾸라지고 만다. 그리고는 뭐가 불만인지 연신 '꼬꼬댁 꼭꼭'을 외쳐댄다. 저편 염소무리 속에선 제 새끼를 찾는 어미염소의 애타는 울음소리가 금세 숨이라도 넘어갈 듯하다. 바로 곁의 우시장은 그래도 한결 여유롭다. 간간이 음메~ 하는 암소들의 울음소리에 화답하듯 새끼 송아지들의 매~ 하는 정겨운 소리들—

그래도 시골장터의 백미는 누가 뭐래도 동네 개구쟁이들의 인기를 독차지하는 뻥튀기 아저씨다. 그때 그 시절, 과자래야 뽀빠이와 바람사탕이 전부(?)였던 시절에 하얗게 튀긴 튀밥을 물엿에 버무려 강정을 만들어 하나쯤 먹어본 사람은 그 맛을 잊지 않았으리라. 시골장터의 뻥튀기 아저씨의 인기는 요즘 아이돌 스타인 소녀시대나 원더걸스가 시장통에 공연을 왔다 해도 뻥튀기 하는 장소로 몰려갔을 정도였다. 그땐 그런 사치스러움보다는 목구멍이 포도청인 시절이었으니까.

시골장의 또 하나의 명물은 엿장수 아저씨다. 지금은 돈으로 엿을 사먹지만, 그땐 고물을 주고 엿으로 바꿔먹던 물물교환이 가능했다. 떨어진 신발, 찌그러진 솥이나 냄비, 헌옷 등 뭣이든지 고물이면 다 엿으로 교환할 수 있었던 그 시절―

　엿장수 아저씨의 가위장단에 동네 개구쟁이들이 구름처럼 몰려다녔던 시절, 그때를 기억하십니까!

환경을
생각
하며

잔뜩 찌푸린 날씨가 기어이 함박눈을 쏟아 붓는다. 이게 얼마 만에 보는 눈인가? 마치 폭설이라도 내리는 듯 금새 주위가 하얘진다. 날씨마저 요 며칠 새 영하로 곤두박질하더니 이제 본격적인 겨울을 실감케 한다.

요즈음 들어 우리나라뿐만 아니라 전 세계가 기상 이변으로 몸살을 앓고 있다. 유럽의 폭설과 한파, 중국과 동남아의 홍수와 지진, 아이슬란드와 인도네시아의 화산폭발과 해일 등 수많은 재해로 인해 인명과 재산이 피해를 입고 있다. 우리나라도 연일 폭설과 한파로 인해 많은 인적, 물적 피해가 늘고 있는 실정이다.

자연은 오랜 옛적부터 우리 인간에게 많은 것들을 아낌없이 무상으로 베풀어오고 있다. 맑은 공기와 시원한 바람, 밝고 따뜻한 햇살, 시원스레 내리는 소낙비, 도도히 흘러가는 넉넉한 강물, 아름답고 향기로운 꽃, 별이 빛나는 밤하늘, 생기 넘치는 숲, 사랑스럽게 지저귀는 새들의 노래……

온종일 주워섬긴다 할지라도 자연의 혜택은 말로는 다 할 수 없는 것이다. 허나 이 같은 자연의 은혜에 대해서 우리들 대부분은 감사할 줄을 모르고 오히려 당연한 것으로 받아들인다. 이런 자연의 은혜가 없다면 잠시도 살아갈 수 없는 처지인데도 현대인들은 고마운 자연 앞에 너무도 무감각하다. 그저 많은 것을 차지하면서 편리하게만 살려고 하는 약삭빠르고 탐욕스런 현대인들은 앓고 있는 자연의 신음소리를 듣지 못하고 있다. 자연은 인간에게 있어 원천적인 삶의 터전이고 배경이다. 문명은 우리가 살아가는 데 있어 필요한 하나의 도구이고 수단이지 최후의 목적이 될 수는 없다. 자연은 우리들이 살아가는 데 필요한 물질적인 또는 정신적인 많은 것들을 아낌없이 제공해주고 있다.

마치 인자한 어머니가 어린 자식에게 모든 것을 아낌없이 베풀어 주듯이 그렇게 준다. 이러한 자연의 선물을 적절히 사용하면 인간의 생활에 빛이 나고 유익하다. 그러나 그 선물을 남용하거나 잘못 사용하면 거기에 상응하는 배은망덕의 대가를 치르지 않으면 안 된다.

과소비로 인한 넘쳐나는 쓰레기—

지나친 화석연료 소비로 인한 지구온난화—

예사롭게 버리는 생활하수—

인간이 개발한 핵무기, 생화학 무기 앞에 인류의 생존이 위협받고 있다는 이 모순을 우리는 어떻게 받아들여야 할까? 이러한 현상은 더 말할 것도 없이 자연을 파괴하고 환경을 오염시킨 인간의 탐욕과 어리석음에 대한 대가의 지불이며 경고이다.

자식이 어머니의 은혜와 제 분수를 모르고 너무 오만해진 데서 온 인과응보다. 자연은 우리 인간에게 영원한 모성일 뿐 아니라 위대한 스승이다.

자연에는 나름의 질서가 있다. 봄, 여름, 가을, 겨울 4계절의 질서가 있고, 뿌려서 가꾸고 거두는 수확의 질서가 있다. 가뭄이 심하면 비를 내려 해갈시키고, 홍수가 나면 비를 멎게 하여 날이 들게 한다. 바람을 일으켜 갇혀 있는 모든 걸 흩날리게 하고, 낡은 것을 떨어뜨려 끊임없이 흐르게 하여 썩는 것을 방지한다. 이와 같이 자연의 질서에 우리들은 순응할 줄 알아야 한다.

그러나 얄팍한 상술을 앞세운 우매한 인간들은 자연을 정복하고 파괴해 가고 있다. 지구의 허파라고 불리는, 전 세계 산소공급의 절반 이상을 생산하는 아마존의 밀림이 개발이라는 미명하에 정글이 파헤쳐지고 나무가 베어져 나가고 있으며, 보르네오의 밀림지대도 절반 이상이 평지로 바뀌고 있다. 또한 동식물의 보고인 아프리카의 나이로비와 세렝케티 공원들도 하나같이 그 면적이 좁아지고 있는 안타까운 현실이다.

그러나 자연은 정복의 대상이 아니다. 정복의 대상이 될 수도 없다. 사람이 어떻게 이 거대한 자연을 정복할 수 있단 말인가?

휘몰아치는 태풍과 폭우—

집채를 쓸어버릴 것 같은 해일과 파도—

논바닥이 갈라지고 저수지가 바닥을 드러낸 가뭄—

땅이 흔들리고 갈라지면서 폭발하는 화산과 지진을 나약한 우리 인간들이 어떻게 정복할 수가 있단 말인가? 인간의 생활은 생태계적인 순환에서 벗어날 수 없다. 우리의 행위가 곧 자연계에 직접적인 영향을 미치고 그 행위는 다시 결과로서 우리들에게 되돌아온다.

이러한 현상이 우주의 질서이고 인과의 법칙이다. 이제 우리들은 사고방식을 바꿔야 한다. 인간의 내적 변화만이 오늘의 파국을 극복할 수 있다. 무엇보다도 잘못된 것은 우리가 현재의 생활방식을 정상적인 것으로 착각하고 있는 것이다.

소비를 미덕으로 여기는 현재의 생활방식은 역사적으로 볼 때 지극히 근대에 이루어진 일이다. 우리가 쾌적한 환경 속에서 인간다운 삶을 이루려면 자연과 함께 공존하는 새로운 관계로 전환되어야 한다. 오늘의 문명은 자연이 낳은 이자만으로는 모자라 자연이 쌓아둔 자본까지 갉아먹고 있는 비정한 현실이다.

만신창이가 되어 앓고 있는 오늘날 자연의 신음소리는 곧 우리 자신의 질병이며 아픔이며 고통임을 잊지 말아야 한다. 우리가 보다 인간다운 삶을 이루려면 될 수 있는 한 생활용품을 적게 사용해야 하며 간소하게 살아야 한다. 우리들이 사용하고 있는 모든 물건들은 지구상에 한정된 자연의 일부이며 또한 공장에서 기계와 기름과 화학용품으로 생산되기 때문에, 지나친 소비는 반드시 자연의 훼손과 환경의 오염을 가져온다. 우리가 호흡하고 뛰노는 이 땅은 우리만의 땅은 아니다. 우리 모두의 과거와 현재, 그리고 미래에 걸친 삶의 터전이다. 우리 조상님들과 우리의 육친과 이웃들, 사랑하는 모든 사람들이 공유해야 할 성스러운 땅이다.

또한 우리 아들 딸, 그리고 후손들에게 그대로 물려주어 풍요로운 대자연의 고마움과 아름다움을 느끼며 살아갈 수 있도록 해야 할 의무가 있는 땅인 것이다.

사람과
동물이
함께하는
세상을 꿈꾸며

 서창을 때리는 북풍이 제법 매섭게 느껴지는 걸 보니 완연한 겨울인가 보다.

요 며칠 사이 이곳 통영도 영하의 날씨로 기온이 뚝 떨어졌다. 지난 가을 화려했던 단풍들 다 어디로 보내고 휑하니 남은 가지들을 보니 이 겨울을 추위와 어떻게 이겨낼지 걱정이 앞선다. 그러나 한편으로 홀가분하게 잎을 다 털어낸 겨울나무들을 보면 세상사를 잊은 산중 스님의 모습 같아 오히려 정감이 간다. 어쩌면 본체를 드러낸 저 나목의 모습이 진짜 얼굴일지도 모르겠다.

지난 여름날 풍성했던 잎사귀들은 그저 시절 인연에 따라 꽃피우고 열매 맺고 단풍들면서 왔다 가는 현상일 뿐 본래면목이라 할 수 없을 터이니, 마치 거추장스런 장신구를 다 벗어던진 듯 가벼워진 저 나무가 숲의 근본인 것 같다. 우리의 삶도 시비분별을 떠나야 비로소 거짓 없는 본래의 자신과 마주할 수 있을 것이다.

거친 눈보라 속에서도 의연히 서 있는 저 나무들을 보면서 욕망과 아집의 무게를 털어내려는 해탈의 지혜를 배운다.

텅 빈 숲 속에서 서걱서걱 살아 꿈틀대는 발자국 소리가 들린다. 노루귀를 쫑긋 하고 연신 두리번거리면서 얼어붙은 풀을 뜯고 있는 고라니 한 쌍이다. 요즈음 들어 도량으로 자주 출몰하는 걸 보면 개체수가 많이 늘었는지, 아니면 먹을 양식이 부족해서 민가 쪽으로 내려오는지 알 수는 없지만 산중의 적막을 깨워주는 고마운 친구들이다.

문득 지난 가을에 보았던 고라니 새끼 생각이 난다.

그날, 가을비 치고는 꽤 많은 비가 추적추적 내리고 있었다. 어디선가 후다닥 하며 고라니 새끼 한 마리가 도량을 뛰어다니면서 우왕좌왕 하더니 요사채 부엌 앞에 쪼그려 앉는 게 아닌가? 비를 맞은 탓인지 몹시 추운 듯 벌벌 떨고 있었다. 사람이 곁에 가도 놀라 도망은커녕 눈만 말똥말똥 뜨고 있는 게 어디가 아픈 모양인데 어떻게 해야 할지 난감했다. 공양주 보살이 나오더니 냄새가 지독하다면서 빨리 내쫓아 보내란다. 아닌 게 아니라 산짐승 특유의 노린내가 진동을 했다. 게다가 비까지 맞았으니 그 냄새가 오죽하겠는가.

조금 전 뛰어 다니는 걸 봐선 크게 다친 데는 없는 듯한데 내가 수의사가 아닌 이상 돌려보내야 마땅할 터, 야생으로 돌아가 자연치유를 해야 내성도 강해지려니와 험한 산중에서 혼자 살아갈 수 있지 않겠는가? 서운하고 측은했지만 쫓아 보내다시피 내보냈다. 어디 갈 곳이 없는지 빙빙 돌더니 가면서도 이쪽을 돌아보는 게 마음이 짠하다.

지금 그놈이 살아 있다면 저놈만큼이나 튼실하고 건강하게 잘 지내고 있으려나. 혹한을 견디어 내고 아지랑이 피어오르는 따뜻한 봄날에 새 가족들과 함께 다시 찾아오려므나.

그땐 따뜻하게 맞이해 줄게!

사람과 동물이 함께하는 그런 날은 언제쯤 올 수 있을까?

# 아낌없이 주는 나무

 한줄기 바람에 우수수 떨어지는 낙엽이 장마철에 장대비 지나가듯 요란스럽다. 기목나무는 초가을에 접어들면서부터 단풍이 들기 시작해서 다른 나무들이 예쁘게 단풍이 들 때쯤이면 앙상한 가지를 드러내놓고 겨울을 연상시키게 한다. 사람으로 치면 성질께나 급한 놈이랄까. 그렇긴 해도 늠름한 풍채는 뭇 나무들을 대표할 만큼 의연함이 돋보인다. 사람이나 나무나 시대를 앞서가는 몇몇은 있게 마련인가 보다.

먼발치에 있는 산들을 보라. 어느 조경 전문가가 가꾸고 보살펴 들 저렇게 완벽하고 조화롭게 꾸밀 수 있단 말인가. 인공이 가미되지 않고도 저렇게 아름다움을 뽐낼 수 있다는 건, 자연이라는 위대함이 있어 스스로 항상 돌봄이 있기에 가능할 것이다. 가지가 휘어질 정도로 많은 열매를 맺지만 나무는 결코 그 열매의 무게 때문에 부러지지는 않는다. 성글지 못한 열매는 스스로 떨어지

고, 여물지 못한 열매는 채 익기도 전에 벌레의 먹이가 되기 때문이다. 이처럼 나무는 제 스스로 넘치지 않고 분수를 지키는 자정 능력을 지니고 있는 것이다.

끊임없이 소유하려는 사람들이 그 욕망의 무게 때문에 제 몸을 지탱하지 못하고 무너지는 꼴을 우리 주위에는 흔히 보고 있지 않은가?

식욕, 수면욕, 재욕, 색욕, 명예욕은 날마다 우리네 뜰을 거칠게 만들고 있다. 욕심의 수위를 잘 조절해야 할 일이다. 무성한 잎을 갖지 못한 나무는 큰 그늘을 만들 수 없듯, 수행이 없는 삶은 빈약한 그늘이 되기 쉽다. 우리가 착하지 않은 것은 비우지 못하고 욕심내어 살아가기 때문이다.

　명예에 대한 탐욕, 권력에 대한 탐욕, 그리고 재물에 대한 탐욕…… 그것은 모두 헛된 것에 지나지 않는다.

　내 안에 나를 옭아매고 있는 것들을 다 비우면 저 숲처럼 스스로 아름답고 향기로워지는 나를 만날 수 있다고 나무들은 말해주고 있다.

 도회지에 살고 있는 한 소녀가 시골 외갓집에 놀러 갔
다. 개울가에서 물놀이를 하던 중에 손바닥으로 올챙
이를 떠서 올렸다.

소녀는 올챙이를 보고 말했다.

"올챙이야, 정말 예쁘구나. 사랑해."

그리고는 가져갔던 병 속에 가두어버렸다.
금방 사귄 시골소녀가 애처로운 듯 사정했다.

"올챙이를 정말 사랑한다면 자유롭게 강물에 풀어주렴."

사랑하는 것과 소유라는 것은 다르다.

사랑은 상대에 대한 배려이지만
소유는 자기가 부리는 욕심이다.

가을에
기대어

 뜨락에 내려앉은 낙엽을 보니 어느새 가을인가. 하늘
높은 줄 모르고 올라선 감나무엔 홍시가 주렁주렁 매
달려 있다. 언제부터인가 저 감나무는 주인이 바뀌었다.

어릴 때 나뭇가지를 부러뜨려가면서 떫은 감을 따서 소금물에
담가 연시를 하기도 하고 긴 장대로 홍시 감을 따서 먹기도 했지
만 몇 년 전부터는 우리가 관리하기엔 너무 높게 커버렸다.

다시 자연으로 돌려 줄 수밖에—

덕분에 겨울 내내 까치와 어치, 비비새 등 텃새들의 겨울 양식
으로 안성맞춤인 듯싶다. 아침부터 까치 한 마리가 이리저리 감나
무 가지 사이로 옮겨 다니더니 결국 사고를 치고 말았다. 도량 입
구에 감나무가 있는 탓에 지나가는 보살님이 홍시 감 세례를 맞은
것이다. 다행히 팔 쪽을 스친 탓에 큰 사고는 없었지만 그렇다고
오래된 고목을 자를 수도 없고 해서 주의를 하고 다니라고 팻말을

붙여놓았다.

아침에 도량 청소를 깨끗이 하였건만 한줄기 바람에 다시 도량이 어지럽다. 낙엽도 도심에선 귀하거니와 가을이면 으레 떨어지는 것—

내 게으름을 합리화하면서 그냥 두기로 했다. 청설모 한 쌍이 쪼르르 달려 나오더니 단풍나무 사이로 숨바꼭질을 한다. 저렇게 나무 위에서 장난을 치며 뛰어다니면서도 떨어지질 않는 걸 보면 뉴턴의 만유인력의 법칙에도 예외는 있는가 보다.

이제 이곳 법운암 도량에도 하루가 다르게 단풍이 예쁘게 들 것이다. 하루하루 변모해 가는 자연의 섭리에 경외감을 느끼면서 생각해본다.

'오늘 하루, 난 뭘 했나!'

# 구제역 파동

 전 세계가 이상기후로 난리를 치더니 이젠 가축들이 구제역이라는 전염병에 걸려 떼죽음을 당하고 있다.

우리나라뿐만 아니라 아시아, 유럽 등 여러 국가에서도 구제역, 광우병, AI(조류 인플루엔자) 등으로 몸살을 앓고 있다. 전에 없던 병들이 왜 자꾸만 새로 생기는 걸까?

옛날 시골집에서 쇠죽을 끓여 먹이면서 키우던 소가 이런 몹쓸 병에 걸려 죽었다는 얘기를 들어보았는가? 돼지우리에서 새끼들과 뛰놀며 구정물통을 뒤져 먹던 돼지가 구제역에 걸려 죽었다는 얘기를 들어보았는가?

아니다. 그 시절 그때엔 단연코 이런 몹쓸 전염병이 없었다. 우리 인간이 이런 재앙을 만든 것이다. 개발이라는 미명 아래 자연 생태계를 파괴했고 환경을 오염시켜 수자원은 물론이고 토양과 우리가 숨 쉬는 공기마저도 오염이 되고 있는 현실이다. 거기다

가축들을 자식들처럼 정성들여 키우기보다는 더 많은 돈벌이에 급급해 비좁은 공간에다 집어넣고 관리하여 위생 상태는 뒷전이며 오직 경비 절감을 위해 지금도 경쟁을 하고 있다.

사람이나 짐승이나 똑같이 고귀한 생명체이다. 서로 DNA가 다르고 지능지수가 다를 뿐이다. 그들도 몸이 아프면 슬피 울며 고통을 호소하고 눈물을 흘릴 줄 알고, 기분이 좋으면 웃을 줄 알고, 밥을 주러 가면 즐거워하며 주인을 알아보는 감성적인 동물이다. 자기가 낳은 새끼를 사랑할 줄도 알고 때가 되면 이성을 찾을 줄 알며 우리 인간과 같은 사고를 가지고 있다.

그러나 지금 대단위 농장에서는 – 아니 농장이 아니라 공장이라는 표현이 어울릴 것 같다 – 돈이 많이 드는 건초 대신 영양제와 방부제를 섞은 인공 사료를 먹이고, 움직이면 살이 빠진다고 옴짝달싹 못하게 칸칸이 철장을 해서 키우는 실정이다. 옛말에 "소도 비빌 언덕이 있어야 한다"고 했거늘 언덕은커녕 흙을 밟을 기회조차 빼앗아 버렸다.

어디 그뿐인가. 온종일 서 있어도 다리가 아픈데 잠도 서서 자야 하고 한평생을 서서 지내야 할 운명이다. 그저 체념해버린 짐승들이 이제 우리 인간들에게 재앙을 옮기고 있는 것이다.

구제역이 얼마만큼 무서운 전염병인지 모르지만 한 곳에 구제역이 퍼졌다 하면 주변 농가와 축사의 가축들을 전부 매몰시킨다니, 그야말로 조선시대에 전염병이 창궐하여 한 고을이 전염되면 사람은 물론 집도 불태워버리고 마을 전체를 폐허로 만들던 그때를 연상시킨다.

저 말없는 가축들의 슬픈 눈망울을 그대들은 보았는가?

저 불쌍한 짐승들의 원한 맺힌 울부짖음을 그대들은 들었는가?

아직 뚜렷한 원인도 규명되지 않고 그렇다고 해결책도 애매한 방역이 최선이라고 한다. 그렇다고 이렇게만 하고 있어야 하나? 우리나라 가축의 사분의 일이 죽어가고 있다는데 말이다. 지금부터라도 뭐가 잘못되었는지부터 따져 보아야 한다.

다시는 이런 몹쓸 병이 재발하지 않도록 하기 위해선 친환경적인 축산정책이 필요하다고 생각한다. 소나 말, 그리고 돼지, 염소, 양 등 발톱이 두 갈래로 갈라져 있는 짐승들은 원래 천성이 활달해서 뛰어다니길 좋아하는 동물이다. 그리고 발톱으로 흙을 파 뒤엎고는 몸을 비비기 좋아하는 활동적인 동물이다. 다시 말해 자연방목을 해서 키워야 튼실하고 건강하게 잘 자랄 수 있다는 뜻이다. 그런 짐승들을 꼼짝 못하게 우리에 가두어 놓고 키우니 그들이 받는 스트레스와 우울증이 어찌 없겠는가? 그리고 온몸이 근질거리고 좀이 쑤셔서 어떻게 병이 안 나고 베기겠는가?

지금도 여전히 방목을 하고 있는 대관령 부근의 축산 농가에는 피해사례가 별로 없다고 한다. 자연에서 뛰놀고 초지에서 먹이를 먹고 흙을 파헤쳐 박테리아를 섭취하면서 저들 스스로 내성을 길러 자연치유를 한다면 다시는 이런 재앙이 오지 않을 것이라 생각해본다. 또한 무엇보다도 시급한 건 가축을 매몰하면서 생길 수 있는 토지오염과 수질오염 같은 환경오염이다. 머지않아 따뜻한 봄이 오면 가축이 부패되고 침출수로 인한 피해는 불을 보듯 뻔한 일이다. 하루빨리 온 국민이 안심하고 쾌적한 환경 속에서 걱정 없는 삶을 살 수 있도록 중지를 모아야 할 것이다.

자연과 인간과 동물이 공존하는 동화 같은 그런 날을 손꼽아 기다리며…….

일본이
가라앉고
있다

　지금 일본은 그야말로 국가 창건 이래 최고의 국난을 겪고 있다. 평소에도 일본은 지리적인 여건상 여름이면 태풍, 겨울이면 폭설로 또한 지진과 해일 등으로 항상 재난을 겪곤 하지만 엊그제의 지진과 쓰나미는 그야말로 일본 열도를 집어 삼킬 요량인지 무지막지하게 전 일본을 쑥대밭으로 만들어 버렸다. TV로 비쳐지는 쓰나미의 위력은 우리의 상상을 초월한 엄청난 파괴력이었다.

　얼마 전 방영했던 영화 "해운대"가 공상과학 영화라고 생각했는데 이렇게도 사실적인 모습으로 우리에게 다가올지 어느 누가 상상이나 했겠는가? 지진계의 기록이 진도 9.0으로 일본 역사상 최고의 진도와 최악의 쓰나미였다니, 웬만한 건물과 선박, 쇠로 만든 기차까지도 내동댕이쳐서 엿가락처럼 휘어 엎어버렸다. 10미터가 넘는 쓰나미의 위력 앞에 미처 빠져나오지 못한 차량과 사람들의 우왕좌왕 하는 모습들…… 물밀듯이 밀려오는 파도에 휩쓸려 처참하게 사라져가는 삶의 흔적들을 그저 멍하니 바라보고만 있을 수밖에…….

뿐만 아니다. 지금도 일본 열도는 끓고 있는 중이다. 큐슈 지방에는 지난번에 폭발했던 화산이 다시 폭발해서 화산재를 내뿜고 있고, 여진이라고 믿기에는 강도가 만만치 않은 지진이 계속하여 일어나고 있으며, 쓰나미의 공포도 언제 다시 재발할지 모르는 긴박한 순간이다. 더욱 불안한 것은 지진과 쓰나미로 지반이 약해진 곳에 원자력 발전소가 30여 개나 가동 중이라는데, 그중 4개가 고장으로 탱크가 폭발하여 방사능이 유출되고 있다는 사실이다. 앞으로 몇 기가 더 사고가 날지도 알 수 없다.

우리는 오래 전 구소련의 체르노빌 원자력발전소의 방사능 유출로 인해 수십만의 사람들이 죽음의 병에 걸려 희생된 사실을 똑똑히 기억하고 있다. 일본이 어떤 나라인가? 2차 세계대전을 일으켰다가 히로시마에 원자폭탄을 맞고 항복을 하지 않았던가? 그 당시 수십만 명이 죽었으며, 핵 방사능을 쐬고 살아난 사람들도 기형아를 낳고 후손들이 원자병으로 지금까지 고통의 나날을 보내고 있는 사람들이 많이 있다고 한다. 때문에 방사능 유출로 인해 그때의 악몽이 재현되지나 않을까 하는 공포에 시달리고 있는 것이다.

도대체 얼마나 많은 사람들이 바다에 휩쓸려갔는지, 쓰레기 더미 속에 파묻혀 있는지…… 계속되는 여진 속에서도 눈물겨운 구조는 계속되고 있다. 도시 전체가 휩쓸린 곳이 여러 곳이니만큼 실종자는 이미 수만 명을 넘어서고 있다.

정말 슬픈 일이다. 이게 어디 일본인의 잘못이랴. 그저 오만방자하게 인간이 최고라고만 여겨왔던 인간에게 감히 넘볼 수 없는 엄청난 자연의 위력을 실감하게 했다고나 할까?

이제 우리 인간도 자연의 혜택에 감사할 줄 알고 자연 앞에 겸손해져야 한다. 하루빨리 이 어지러운 일들이 평정을 되찾아 본래의 제자리로 돌아왔으면 한다. 지금 세계의 이목이 일본을 바라보고 있다. 가족과 친지를 잃고 집과 모든 걸 잃고서도 자위대와 방재청의 안내에 줄을 서며 당황하지 않고 질서를 지켜 지시를 따르고 보급품을 받고 의연하게 재난을 대처해나가는 모습과, 방재청 차량과 안내하는 사람들이 쓰나미가 몰려오는 아수라장 속에서도 먼저 길을 터주고 현장정리를 다하고는 끝내 물길에 휩쓸려 사라지는 모습…… 동사무소의 여직원이 애타는 안내방송으로 마을사람들을 피신시키고 본인은 미처 빠져 나오지 못하고 요동치는 쓰나미에 희생되었다는 안타까운 소식을 듣고는 눈시울이 뜨거워졌다. "살신성인"이란 이런 것인가—

고귀하게 희생된 그분들의 명복을 빌어본다.

가깝고도 먼 나라. 일제의 36년간 치욕의 역사를 안겨준 나라. 수많은 선조들이 자주독립을 위해 싸우다 그들의 총칼에 희생되었고, 우리 민족의 얼을 말살시키려했던 그들이요, 지금도 독도는 자기네 땅이라고 우기는 얄미운 나라이다.

그러나—

이 엄청난 희생을 어떻게 보고만 있을 수 있단 말인가? 말없이 사라진 수많은 희생자들이 무슨 죄가 있단 말인가?

착하디착한 우리 국민들, 벌써 일본의 재난을 돕기 위해 민관을 포함한 각계각층에서 모금운동과 구호활동을 펼치고 있단다. 이웃사촌이요. 형만한 아우 없다지만 우리 대한민국 사람들은 순수한 마음을 가진 착한 사람들이다. 그래서 난 내 조국을 사랑하고 자연재해 없는 이 나라 이 땅에 태어난 것을 늘 고맙고 감사하게 생각한다.

가슴으로
와 닿는
얘기들

 강원도 철원에 심원사라는 유서 깊은 사찰이 있었다. 마침 그 절에 대종불사가 있어서 스님들이 시주권선을 하러 다녔다. 교통수단이 발달하지 못했던 시절이라 스님들이 직접 가가호호 방문하여 시주를 받아와야 했다.

이웃 동네 대광리에 덕기와 춘식이라는 두 친구가 있었는데 춘식이는 어려서 소아마비에 걸려 다리가 오그라들어 앉은뱅이였고, 덕기는 열병을 앓다가 눈이 멀어 장님이 되다 보니 둘은 만나면 신세한탄을 하면서 말하곤 했다.

"우리는 전생에 무슨 죄를 많이 지어서 이런 몸을 받고 태어났을까?"

"전생에 남에게 못할 짓을 많이 했겠지. 금생에 받는 것을 보면 전생 업을 알 수 있다고 하지 않았던가?"

"그래, 우리 지금부터라도 좋은 일을 많이 하세."

하루는 심원사에 있는 스님이 대종불사에 시주권선을 받기 위해 대광리를 찾았다. 여러 곳을 다니던 중 덕기와 춘식이를 만나서 시주공덕에 대한 얘기와 함께 부처님 전에 기도를 많이 하라는 얘기를 전하고 갔다.

하지만 워낙 가난한 두 사람인지라 시주할 물건도 없고, 몸이라도 성하면 스님을 따라 함께 시주권선이라도 다니고 싶지만 둘 다 장애인이라 어떻게 해볼 수가 없는 처지였다.

그렇지만 스님의 말씀이 자꾸만 머리에서 떠나지 않는 것이었다. 전생의 업이 많아 그렇게 됐지만 부처님께 기도를 열심히 하면 그 공덕으로 장애로부터 해방될 수 있다는 것과, 대종불사의 시주권선 공덕이라도 지으면 금생에 좋은 시절을 만날 수 있다고 했던 것이다.

덕기는 춘식에게 말했다.

"우리 둘은 장님과 앉은뱅이로 장애인이지만 난 너한테 없는 튼튼한 다리가 있고, 너는 나한테 없는 눈이 있으니 우리 두 사람이 합치면 정상인이 아니겠나?"

"우리 힘들겠지만 힘을 합쳐서 대종불사 시주권선을 하면 어떻겠니?"

"지금부터 너를 업고 네가 시키는 대로 걸으면 얼마든지 시주를 받으러 다닐 수 있을 거야."

"정말 그렇구나. 우리 지금 당장 떠나자."

두 사람은 그 길로 시주권선을 나섰다.

성한 사람도 발품을 팔기가 어려운 일을 그것도 두 장애인이 한 사람은 업고, 또 한 사람은 업힌 채로 시주를 받으러 다닌다는 것은 상상 이상으로 힘들었지만, 스님과의 약속과 언젠가는 이 몸이 나으리라는 믿음을 갖고 3년을 돌아다닌 끝에 제법 많은 시주를 올릴 수 있었고, 드디어 심원사의 대종불사 회향일이 다가왔다. 두 사람은 소식을 전해 듣고 제시간에 참석하기 위해 하루 전에 밤길을 재촉하여 산길을 걸어가고 있었다.

깜깜한 밤길을, 그것도 장님이 앉은뱅이를 업고 산길을 오르는 걸 상상해 보라! 허나 두 사람은 장애를 극복할 수 있다는 신념으로 한 걸음 한 걸음 심원사를 향해 가고 있었다. 어느새 날이 희뿌옇게 밝아 오는가 싶더니 대치령 고갯마루 위로 부처님이 환하게 미소 짓는 모습이 보이는 게 아닌가?

업혀가던 춘식이가 큰 소리로 "저기 앞에 부처님이 보인다!" 하며 부처님께로 가려는 듯이 몸부림을 치자, 순간 자기도 모르게 웅크려 굳어 있던 두 다리가 펴지는 듯 아픔이 왔다. 그리고 덕기는 "어디 부처님이 있어?" 하고 두 눈을 비비자 아픔과 함께 흐릿하게 눈이 뜨였다. 두 사람은 아픈 것도 잊고 부처님이 떠올라 있는 대치령 고갯마루를 향해 미친 듯이 뛰어갔다.

이윽고 심원사에 도착한 덕기와 춘식이는 대웅전의 부처님 전에 감사의 기도를 하염없이 올리고는, 서로를 붙들고 감격의 눈물을 흘렸다. 둘은 그 후로도 심원사의 크고 작은 불사에 화주로서 열심히 살아가며 행복한 나날을 보냈다고 한다.

그 뒤부터 덕기와 춘식이가 밤새 넘은 대치령을, 부처님을 보았던 재라 하여 "불견령佛見嶺"이라 부르게 되었다고 전한다.

만두경<br>국수경

 어느 절에서 일어났던 일화이다.

노보살 한 분이 법당에서 기도를 하면서 "관세암보살, 관세암보살" 하면서 열심히 기도를 하고 있었다. 그때 지나가던 다른 보살이 이를 보고 따져 물었다.

"아니 왜 '관세음보살'을 '관세암보살'이라고 하십니까?"

"아니 '관세음보살'이라니요? '관세암보살'이 맞습니다."

두 보살은 서로 자기가 옳다고 주장하다가 큰스님에게 물어 보자고 합의했다. 너무 늦은 시간이라 그 시간에 스님을 찾기가 어려워 다음날 알아보기로 했다. 하지만 두 보살은 걱정이 앞섰다. 조금 있다가 '관세암보살'을 외웠던 노보살이 다른 보살 몰래 만두를 큰스님께 드리면서 '관세암보살'이 맞다고 해주길 부탁했다. 스님은 빙그레 웃으시면 염려 말라고 했다.

조금 뒤에 '관세음보살'을 주장했던 노보살도 국수를 만들어

와서 큰스님께 드리면서 자신의 주장이 맞다고 해주길 부탁했다. 이번에도 스님은 걱정 말라고 하며 돌려보냈다.

이윽고 아침이 되어 판결의 시간이 되었다. 여러 대중들을 바라보며 큰스님께서 이렇게 말씀하였다.

"만두경에 보면 '관세암보살'이라고 나와 있고, 국수경에 보면 '관세음보살'이라고 적혀 있습니다."

만두와 국수를 맛있게 잡수신 큰스님의 재치 있고 지혜로운 답변이 아닐 수 없다. 노보살님들의 마음을 상하지 않게 배려하신 큰스님의 절묘한 해결책을 보고 큰스님의 인품을 헤아려 봄직하다.

염불이 틀리고 맞고가 무슨 소용이겠는가? 중요한 것은 염불하는 이의 마음과 자세일 것이다. 무엇보다 염불은 지극한 정성이 우선이다. 우선 경구 하나하나를 빼먹지 않고 또박또박 읽는 습관을 들여야 한다. 어떤 이들은 『천수경』이나 『화엄경』, 또는 『금강경』을 줄줄 외운다고 경전을 펴지 않고 독송하기도 하는데 이는 잘못된 버릇이다. 스님네들은 다 외우는 경전이라 할지라도 결코 소홀히 책장을 넘기지 않는다. 경구를 한 자라도 틀리게 읽는 실수를 하지 않기 위해서다.


강원도의 어느 한적한 산사에 시인과 과학자 둘이서 도량을 거닐고 있었다. 밤하늘엔 많은 별들이 반짝이고 때마침 법당에선 신도들이 경전을 읽는 소리가 은은하게 울려 퍼지고 있었다. 그 소리를 듣고 있던 과학자가 시인에게 물었다. "이 형! 지금 법당에서 경전을 읽고 있는 보살들이 어려운 염불을 다 알고나 하는 걸까요?"

시인이 과학자에게 물었다. "김 형! 저 밤하늘에 빛나고 있는 뭇별들의 이름을 당신은 다 알고 있습니까?"

"저렇게 수많은 별들을 전문가도 아닌 이상 어떻게 다 알 수 있겠습니까?"

"그렇지요. 우리가 저 많은 별들의 이름을 알지 못해도 별들은 자기의 위치에서 반짝반짝 밝게 빛나는 것처럼, 지금 소리 내어 경전을 읽는 보살님들도 그 뜻은 모를지라도 부처님의 진리를 찾기 위해 구도하는 모습이 참 아름답지 않습니까?"

정녕 그 시인은 관세음보살님의 화신이었는지도 모른다.

# 보조국사와
# 누님

 고려시대 보조국사 지눌스님에겐 속가 누님이 한 분 있었다. 스님이 국사가 된 후, 그 누님은 동생이 국사이니 자신은 저절로 극락에 가게 될 것이라는 말을 하고 다녔다. 보조스님이 들으니 기가 막히고 한편으로는 걱정이 되었다.

누님이 스님만 믿고 공부를 전혀 하지 않으니 딱한 노릇이었다. 그래서 하루는 누님이 온다는 소식을 듣고 일부러 진수성찬을 차리게 하였다. 두 사람이 마주앉아 이런저런 얘기를 하다 보니 공양시간이 되었다. 스님은 공양 상을 들여오게 했다. 누님이 보니 눈이 휘둥그레질 만큼 대단한 진수성찬이었다.

그런데 스님은 잘 차려진 밥상을 혼자서만 맛있게 먹는 것이었다. 그것도 먹어보라는 말 한마디도 없이 말이다. 자기 밥상은 따로 가져오는가 하여 아무리 기다려도 감감무소식이었다. 참다못한 누님은 화를 내며 말했다.

"아니 스님, 어떻게 혼자서만 그렇게 드실 수가 있소? 나도 시장해 죽겠는데."

"시장하신 줄 왜 모릅니까. 그래서 이렇게 먹고 있지 않습니까? 내가 먹고 있으니 이제 누님도 곧 배가 부를 겁니다."

"스님만 드시고 나는 먹지도 않았는데 어찌 내 배가 불러진단 말이오?"

"누님이 스스로 공부를 하지 않고도 극락에 가신다길래, 내가 먹으면 누님도 배가 부른 줄 알았지요."

그때서야 누님은 스님의 뜻을 알아차렸다. 그 후 크게 발심한 보조스님의 누님은 한시도 공부를 게을리 하지 않았다고 한다.

 조선시대 초 평안북도 묘향산 자락, 상원암이란
암자에 시운스님과 젊은 혜성이가 살고 있었다.
혜성이는 시운스님의 속가 친구의 아들인데, 갓난아기 때부터 부
모님을 모두 잃고 스님을 따라와서 이 암자에 살게 되었다.

시운스님은 "내 아들을 훌륭한 사람으로 키워 달라"는 친구의
유언에 따라 혜성에게 글과 무술을 가르쳤다. 세월이 흘러 혜성의
나이 스물에 이르자 더 이상 가르치지 않아도 될 만큼 글과 무예
가 뛰어났다.

스님은 혜성의 장원급제를 위해 천일기도를 시작했다. 천일기
도가 끝나는 날, 혜성이를 불러놓고 말하길

"혜성아, 장원급제를 하여 백성을 잘 보살피는 것도 부처님과
나의 은혜에 보답하는 길이다. 이제 속세로 내려가 과거를 보도록
해라."

시운스님은 혜성을 떠나보내고도 계속 기도와 간절한 축원을 하였다.

"부처님이시여, 혜성이가 과거에 급제하여 입신양명할 수 있도록 가피를 내리소서."

어느덧 해가 두 번 바뀌어 봄날이 오자, 스님은 묘향산을 내려가 안주 시내에 들러 탁발을 하고 이집 저집을 돌며 적잖은 공양물을 받고는 저잣거리에 들러 장을 보려고 하는데, 젊은 거지 한 놈이 스님의 장삼자락을 잡고는

"한 푼만 보태줍쇼. 며칠을 굶었습니다." 하였다.

스님은 가엾은 거지의 손에 동전을 쥐어주면서 문득 거지의 얼굴을 보니 혜성이가 아닌가! 이게 어찌된 일이란 말인가? 과거에 합격하여 입신양명했을 거라고 믿고 있던 시운스님은 눈앞에 펼쳐진 거지의 꼴을 보고는 말문이 막혔다. 혜성이와 더 얘기할 것도 없이 스님은 장삼자락을 휘날리며 상원암으로 달려갔다. 온몸의 피가 거꾸로 치솟고 눈앞엔 아무것도 보이질 않는 것이었다.

평생을 부처님께 의지하며 살아온 자신이 밉고 여태 속아온 게 분하다 못해 치가 떨려, 어떻게 상원암으로 올라왔는지도 모르게 바로 부엌으로 들어가 식칼을 집어 들고 법당문을 박차고 불단으로 올라가 부처님의 복부에다 깊숙이 칼을 찔렀다. 상원암의 부처님은 쇠로 만든 철불이었지만 시운스님의 원한이 너무나 사무치다 보니 복부에 깊숙이 박혀버렸던 것이다.

그 길로 절을 내려온 시운스님은 부처님을 원망하고 더러운 세상을 한탄하며 낭인생활을 하게 된다. 술을 먹고 미친 듯이 이리저리 정처 없는 나그네처럼 떠돌아다니기를 3년여—

그날도 술에 취해 다니다가 낯익은 동네를 느끼고 정신을 차려보니 바로 묘향산 자락인 안주 땅이 아닌가.

아! 묘향산이다. 지금 상원암은 잘 있는지!

문득 3년 전 지난 일들이 주마등처럼 지나가는 것이었다.

그때 부처님 전에 칼을 꽂고 내려왔었는데…… 여기에 생각이 미치자 시운은 지체 없이 상원암으로 달려갔다. 절 입구에 이르자 옛날의 모습은 간데없고, 도량에는 잡초가 자라 형편이 없었으며, 문짝은 바람에 날려 흉가처럼 변해 있었다.

법당에 들어서자 마음을 가다듬고 부처님 전에 향을 사르고 참회의 눈물과 함께 절을 올리고 부처님 배에 꽂혀 있던 칼을 뽑으려고 했으나 아무리 힘을 써도 칼은 뽑히질 않았다.

어떻게 해야 할지 몰라 밖으로 나와 정신을 가다듬고 있는데 저 멀리 마을 아래에 소란스런 기척이 났다. 무슨 행차가 있는지 사람들이 몰려오고 있었다.

"안주목사 행차시오!"

사령의 말이 들려오자 이내 행렬은 상원암 마당에 멈춰서더니 안주목사는 시운스님 앞으로 가서 인사를 했다.

"스님, 절 받으십시오. 제가 혜성입니다."

눈을 들어 목사를 보니 틀림없는 혜성이었다.

"혜성아! 어찌된 영문이냐?"

"스님, 자초지종은 나중에 말씀드리기로 하고 먼저 할 일이 있습니다." 하면서 시운스님을 모시고 법당으로 올라가서 부처님 전에 삼배를 하고는 불단에 올라가 복부에 꽂힌 칼을 뽑으니, 쏙— 빠져나오는 게 아닌가!

시운스님이 칼을 뽑으려 할 땐 아무리 힘을 써도 꿈쩍도 하지 않던 칼이 혜성이가 뽑아내니 그토록 쉽게 빠지다니!

칼날 면을 자세히 보니 녹슨 사이로 "시운 속죄"라는 네 글자가 새겨져 있었다. 혜성이는 스님에게 그동안에 일어났던 일들을 소상하게 말씀드렸다.

공부를 마치고 속세에 내려가 과거시험을 준비하던 중 괴질을 만나 꼬박 1년을 병과 싸우며 고생하다 보니 과거에 나갈 준비도 하질 못했고, 겨우 몸을 추스르고 나니 당장 먹고 지낼 끼니 걱정이 앞서 또 1년 남짓 동냥질밖에 할 수 없는 처지였고, 그때 스님을 만났었던 일과 그날 스님께서 그토록 낙담하고 절로 뛰어올라가던 모습을 보고는, 다시 마음을 다잡고 몇 년을 공부한 끝에 이번 과거시험에 장원급제하여 안주목사로 제수 받아 제일 먼저 스님께 인사차 들렀다고 했다. 그런데 전날 밤 꿈에 한 도인이 나타나서 상원암에 가거든 부처님 뱃속에 박힌 칼을 뽑아달라는 꿈을 꾸었다는 것이다. 혜성이는 관리에게 상원암을 훌륭하게 중건하라는 책무를 지우고 스님께 하직인사를 하고는 내려갔다.

꿈만 같던 잠깐의 시간이 지나고 나서, 스님은 법당을 깨끗이 정리하고 "시운 속죄"라고 쓰인 칼을 부처님 전에 올려놓고 그날부터 백일 동안 참회의 기도를 올리게 되었다. 기도를 시작한 지 21일째 되는 날, 칼날에 새겨져 있던 "시운 속죄"라는 글씨가 흔적도 없이 사라졌다. 하지만 시운스님은 끝까지 백일기도를 회향하였으며, 평생 동안 지난날을 참회하는 기도로 정진하였다고 한다.


우리는 여기서 한 가지 의문을 갖게 된다. 부처님께서는 왜! 시운스님의 천일기도를 받아들여 가피를 내리면서 혜성이로 하여금 병고를 겪으면서 1년을 고통 받게 하고, 또 1년 남짓 거지생활을 하며 빌어먹게 한 뒤에 장원급제를 하게 했을까?

그것은 혜성이가 겪어야 할 업의 과보라 할 수 있다. 전생의 업에 따라 겪지 않으면 안 될 업보가 있었기 때문이다. 혜성은 병고로 한평생을 지내야 할 운명과 또 거지로 한평생을 빌어먹을 운명을 살아야 할 팔자였지만, 시운스님의 간절한 기도와 혜성에 대한 지극한 삼보의 은혜와 가피로 인해 각각 한 생에 받을 과보를 1년으로 앞당김으로써 오히려 큰 가피를 받은 셈이다.

이처럼 기도는 한평생을 겪어야 할 어려운 일들을 잠깐이나마 스치고 지나가게 해주는 엄청난 잠재력과 무한한 능력을 갖고 있는 것이다.

 숙종대왕 때 거지노파가 각황전에 시주할 서원
공덕으로 공주로 환생하였다는 얘기의 유래는
다음과 같다.

지리산 화엄사에 계파선사라는 스님께서 장육전(각황전의 전
이름) 중창불사를 계획하고 백일기도를 시작하였는데, 그날 마지
막 회향기도일이라 밤늦게까지 기도하고는 장육전 중창불사를
원만히 회향할 수 있도록 간절히 빌었다.

그날 밤 꿈에 문수보살이 나타나서 '내일 아침에 화주가 산문을
내려가면 제일 먼저 만나는 사람에게 장육전 시주를 권하라'고
얘기하고는 사라졌다. 꿈에 용기를 얻은 계파선사는 부처님께 큰
절을 올리고 "화주의 소임을 다할 수 있도록 가호를 내리소서!"
하고는 일주문을 나섰다.

한참을 가니 스님 앞에 남루한 옷을 걸친 거지노파가 마주오고 있었다. 화주승은 노파를 보는 순간 가슴이 철렁 하고 내려앉았다. 저 거지노파에게 어떻게 장육전을 지어달라고 부탁을 해야 할지…… 하지만 간밤에 꾸었던 문수보살님의 친견이 너무나도 선명하여 노파에게 전후사정을 얘기하며 시주하기를 간청했다. 노파는 아무런 대안이 없었다. 그러나 노파는 화주승의 정성에 감동되어 눈물을 흘리면서 자신의 가난을 한탄하다가, 이윽고 화엄사를 향해 합장하고 대서원을 발하였다.

"이 몸이 죽어 왕궁에 다시 태어나서 큰 불사를 이룩하오리니, 문수보살이시여, 가호를 내리소서!"

이렇게 원력을 아뢰며 수십 번을 절한 뒤에 깊은 못(沼)에 몸을 던졌다.


그 후 5년이 흘러가고 난 화창한 어느 봄날, 화주승은 창덕궁 앞을 지나가다가 유모와 함께 궁 밖을 나와 놀던 어린 공주와 마주치게 됐다. 그런데 어린 공주는 화주승을 보자 반가워하며 달려와서 우리 스님이라면서 누더기자락에 매달렸다.

한편 공주는 태어날 때부터 한쪽 손을 꼭 움켜쥔 채로 펴지질 않았었는데, 화주승이 꼭 쥐고 있던 공주의 손을 만지니 신기하게도 손이 펴졌고, 손바닥에는 "장육전丈六殿"이라는 글귀가 적혀 있었다. 이 소식을 들은 숙종대왕은 화주승을 내전으로 불러 자초

지종을 모두 듣고 감격하여 말하기를

"오! 장하도다. 노파의 지극한 정성과 원력으로 오늘의 공주가 환생했구나. 그 원력을 이루어주고 말고!"

하며 장육전을 중창할 대서원을 하였다. 이렇게 하여 왕명으로 나라에서 공주를 위해 장육전을 중창할 경비를 하사하였고, 장육전이 완성되자 사액을 내려 각황전覺皇殿이라고 했다. '불도를 깨달은 왕'이라는 뜻과 '임금을 일깨워 중건하였다'는 뜻으로 각황전이라 부르게 됐다고 한다.

위풍당당한 각황전은 정면 7칸, 측면 5칸의 2층 팔작지붕으로 된 웅장한 건물이다. 겉에서 보면 2층 법당 같지만 안에 들어서면 하나로 뚫린 통층이다.

시원스럽게 뻗어 올라가 받히고 있는 기둥들이 굳건하여 믿음직스럽다. 국보 제67호로 지정되어 있다.

# 물은
# 무보다
# 강하다

이 세상에서 물보다 더 부드럽고 순리를 따르고 또한 겸손한 것은 없다고 생각한다. 그렇지만 단단한 물체나 사나운 것에 떨어질 때는 물보다 더 센 것은 없는 듯하다. 처마 끝에서 떨어지는 낙숫물을 보라. 한 방울 한 방울의 물이 떨어져 단단한 바위의 홈이 파인다.

또한 이 물이 흘러들어 강을 이루고 댐을 만들어 엄청난 동력을 만들어낸다. 물은 만물의 근원이니, 우리 몸만 해도 60~70% 이상이 수분으로 구성되어 있다. 때문에 자연과 생태계에 물의 공급이 중단된다면 그건 곧 죽음을 의미하는 것이다. 물은 만물을 이롭게 하면서도 다투지 않고 사람들이 싫어하는 낮은 곳, 더 낮은 곳으로만 흘러간다. 사람들은 자꾸만 높은 곳으로, 더 높은 곳으로만 발돋움하려고 애쓰는데 말이다.

물에는 고정된 모습이 없다. 둥근 그릇에 담으면 둥근 모습으

로, 모난 그릇에 담으면 모난 모습으로, 흙탕물에 흘러들면 구정
물이 되고 썩은 물에 들어가면 썩은 물이 되지만, 맑은 계곡에 스
며들면 청정한 일급수가 된다. 뿐만 아니라 뜨거운 곳에서는 수증
기가 되고 차가운 곳에서는 얼음이 된다.

이렇듯 물은 자기 고집이 없다.

자기를 내세우지 않고 남의 뜻에 따른다.


임종을 앞둔 늙은 스승이 마지막 가르침을 주기 위해 제자들을
불렀다.

"내 입안에 무엇이 보이느냐?"

"혀가 보입니다."

"이는 보이지 않느냐?"

"스승님의 치아는 다 빠지고 하나도 남아 있지 않습니다."

"이는 다 빠지고 없는데 혀는 남아 있는 이유를 알겠느냐?"

"이는 단단하기 때문에 다 빠져버리고 혀는 부드러운 덕분에
오래도록 남아 있는 것이 아니겠습니까?"

스승이 고개를 끄덕이면서 말했다.

"그렇다. 부드러움이 단단함을 이긴다는 것, 이것이 세상을 사
는 지혜이니라."

# 불보살님에
# 대한
# 기도와
# 가피

부처님께서 이 세상에 출현한 이래 사람들이 기도를 하여 가피를 입은 수많은 사례들을 분류하면 크게 세 가지로 나눌 수 있다.

첫째, 현실에서 바로 불보살님의 가피를 얻어 소원을 성취하는 현증가피顯證加被.

둘째, 꿈을 통하여 소원을 이루어질 것을 예시하는 몽중가피夢中加被.

셋째, 언제나 은근하게 보호를 받는 명훈가피冥熏加被 등이다.

하나하나 예를 들어 소개할까 한다.

**현증가피의 예**

유혈싸움 끝에 왕위에 올랐고 마침내는 어린 조카 단종을 영월로 내쫓아 죽인, 조선왕조 제7대 임금인 세조는 온몸에 종기가 생기고 고름이 나는 견디기 어려운 괴질에 걸려 시달리고 있었다. 신비한 영약들을 모두 동원하여 치료를 했지만 효험이 없게 되자, 부처님의 가피로 병을 고치기 위해 전국의 영험 있는 기도처를 찾았다.

여러 절을 거쳐 오대산 월정사에서 참배를 올리고 상원사 가까이에 이르렀을 때 세조는 맑고 시원해 보이는 계곡물 속으로 뛰어들어 목욕을 하고픈 충동을 느꼈다. 자기의 온몸에 돋아난 흉한 종기를 보이지 않기 위해 시중들을 멀리 물리친 세조는 혼자 계곡물에 몸을 담그고 목욕을 했다.

그때 동자 하나가 숲속에서 걸어 나왔다. 누군가가 등을 시원하게 밀어주었으면 했던 세조는 동자를 불러 등을 밀어줄 것을 청하였고, 목욕을 마친 세조는 다시 동자에게 당부했다.

"동자야, 그 누구에게도 임금의 옥체를 씻어주었다고 말하지 마라."

동자는 살짝 미소를 지으며 그 말을 받았다.

"임금님도 어디 가서 문수보살이 몸을 씻어주더라는 말을 하지 마시오."

말을 마친 동자는 홀연히 사라져버렸고 세조는 자신의 몸에 난 종기들이 흔적도 없이 사라졌다는 것을 발견할 수 있었다.

"아! 거룩하신 문수대성께서 진신을 나타내어 이 불치의 병을 낫게 해주시다니!"

크게 감격한 세조는 그때 현전했던 문수동자의 모습대로 불상을 조성하여 상원사에 봉안하였다고 전한다.


## 몽중가피의 예

조선 후기의 고승인 남호율사께서 소년시절 경험했던 영험담이다.

1831년 어느 추운 겨울날, 강원도 철원에 있는 지장기도 도량 보개산 석대암에 한 떼거리의 문둥이들이 찾아와서 먹을 것을 청했다.

그 무리들 속에는 추위에 벌벌 떨고 있는 10세가량의 소년도 함께 있었는데 주지스님의 눈에는 그 소년이 유난히 불쌍해 보였다. 스님은 따뜻한 밥을 지어 그들을 대접한 다음, 문둥이 왕초에게 청했다.

"저 아이는 병이 깊은 듯 몹시 떨고 있구려. 웬만하면 여기 두고 가시오. 이 겨울 한 철은 내가 돌보아줄 테니."

문둥이 일행이 떠난 뒤 스님은 소년으로부터 자신의 고향이 전라도 고부요, 이름은 정영기이며, 부모님은 일찍 여의었고, 시집 간 누나 집에서 살았는데 문둥병에 걸려 쫓겨났다는 얘기를 들었다. 주지스님은 문둥병만 나을 수 있다면 불구덩이 속에 뛰어드는 것도 마다하지 않겠다는 영기에게 방 하나를 내주고는, 간절히 지장보살을 부르면서 속으로는 "병이 낫도록 해주십시오!" 하며 기원하도록 가르쳤다.

영기는 밤낮을 가리지 않고 지장보살을 불렀다. 잠자는 시간 외에는 밥 먹을 때에도 해우소에서도 지장보살님께 매달려 문둥병이 완쾌되길 빌었다.

이렇게 기도하길 50여 일.

꿈에 노인 한 분이 나타나 머리를 쓰다듬으며 말했다.

"불쌍한 것, 전생의 죄업 때문에 피고름을 흘리는 고통을 받다니. 네가 나를 그토록 찾으니 내 어찌 무심할 수 있겠느냐."

노스님은 부드러운 손으로 고름이 흐르는 영기의 몸을 차례로 어루만지며 닦아 주었다.

머리, 눈, 코, 입, 가슴, 배, 그리고 다리까지 온몸을 어루만지고 닦아내자 피부가 보통 사람들과 같이 바뀌면서 몸이 날아갈 듯 가벼워지는 것이었다.

"이제 병이 모두 나았으니 너는 스님이 되도록 하여라. 틀림없이 큰스님이 될 것이다. 잘 명심하여라. 나는 물러간다."

순간 영기는 꿈에서 깨어났고 그 순간 기적이 일어나 있었다. 꿈에서와 같이 문둥병이 씻은 듯이 나아 있었고, 온몸에 가득했던 곪아터진 흉터자국은 간 곳이 없고, 며칠이 지나자 빠졌던 눈썹도 새까맣게 다시 돋아났다.

이렇게 기도를 통하여 지장보살의 몽중가피를 입은 영기는 지장보살님의 지시대로 머리를 깎고 승려가 되었는데, 이분이 바로 동방의 율사로 이름을 날렸던 남호스님이다.

## 명훈가피의 예

조선시대 말기, 효성스님은 13세에 쌍계사로 출가하여 대웅전 노전스님의 상좌가 되었다. 그 당시에는 저녁예불이 끝난 다음부터 새벽예불 때까지 법당 안에 등불을 밝혔었다. 둥근 그릇 모양의 등잔에 참기름을 가득 붓고 종이 심지를 달아 밤마다 불을 밝히면 3일은 쓸 수가 있었다.

어느 해 가을—

법당 청소를 하다가 등잔을 살펴본 노전스님은 참기름이 한 방울도 남아 있지 않은 것을 발견했다. 분명히 어제 기름을 넣었는데 남아 있지 않은 것을 이상하게 생각하면서 노전스님은 다시 기름을 가득 채웠다.

이튿날 아침에 살펴보니 또 기름이 사라졌다. 그 다음날도 계속 같은 일이 일어나자 누군가가 밤마다 등잔에 손을 댄다는 것을 확신하게 되었다. 그날 밤 노전스님은 어린 효성스님을 데리고 법당의 신중단 탁자 밑으로 들어가 밤을 새웠다.

한밤중이 되자 법당 가운데 문 앞에 키가 9척이나 되고, 검은 옷을 입었는지 검은 털이 났는지 분간이 되지 않는 괴물이 나타났다.

"이놈, 이 무슨 해괴한 짓이냐!"

고함을 치며 신중단 탁자 밑을 나온 노전스님은 그에게 물었다.

"너는 도대체 누구냐?"

"목신입니다."

"목신이면서 어찌 감히 부처님 전에 올리는 등잔의 기름을 훔
치는 것이냐?"

"어찌 그것을 모르겠습니까? 하오나 피치 못할 사정이 있어 불
경죄를 무릅쓰고 왔습니다. 저는 이 절 아랫동네 화개마을 이 판
서 댁 뒤뜰에 서 있는 큰 은행나무입니다. 나의 발등이 땅 밖으로
나와 있는데 이 집 머슴들이 제 발등에 나무를 올려놓고 도끼질을
해서 장작을 팹니다. 하여 발등 이곳저곳은 온통 상처투성이가 되
었습니다. 이 상처와 아픔을 달랠 약은 오직 부처님께 올리는 이
등잔의 기름뿐입니다. 그래서 부처님께 올리는 등잔기름을 취하
게 된 것입니다."

"네가 진짜 목신이라면 인간보다는 힘이 셀 게 아니냐? 얼마든
지 보복을 할 수 있을 텐데?"

"보복을 하는 것은 쉬우나 이 댁 주인인 이 판서가 아침에 일어
나 세수를 하고 나면 '신묘장구대다라니'를 읽습니다. 그 힘 때문
에 지기를 비롯한 어떤 기운도 힘을 쓰지 못합니다."

"내가 가서 머슴들이 너의 발등 위에서 장작을 패는 일이 다시
는 없도록 조치할 것이니 보복할 생각을 하지 말아라."

목신은 스님께 감사의 인사를 하고 사라졌다. 노전스님은 날이
밝는 대로 이 판서를 찾아가 자초지종을 이야기하자, 이 판서는
고마워하며 땅 위로 노출된 은행나무의 뿌리를 부드러운 흙으로
덮도록 하고 허리 높이 정도의 울타리를 만들어 누구도 나무에 접

근을 하지 못하도록 하였다. 그 뒤로는 쌍계사 대웅전의 등잔 기름이 사라지는 일이 없었다고 한다.

만약 이 판서가 매일 '신묘장구대다라니'를 외우지 않았다면 틀림없이 목신은 보복을 하였을 것이다. 하지만 꾸준히 다라니를 외워 불보살님의 명훈가피를 입었기 때문에 집안에 어떠한 불행도 찾아오지 않았던 것이다.

# 참회행

옛날 일본 에도시대에 한 고관댁에 가신이 살았다. 가신이라 함은 그 집안을 지켜주는 호위무사로서 요즈음의 경호원으로 생각하면 될 듯싶다.

고관댁에는 부인과 어린 아들, 그리고 집안일을 돌보는 하인이 있었다.

고관은 늘 바쁜 업무로 인해 출장이 잦고 집에 들어오는 날이 많지 않다 보니, 언제부터인가 젊은 여주인은 호위무사인 가신을 흠모하기에 이르렀다. 잦은 유혹에도 가신은 사무라이 집안의 후예답게 정중히 거절하곤 했지만 아직 젊고 아리따운 여인 앞에서 어쩔 수 없이 무너지고 말았다. 그러기를 몇 년의 세월이 흐르다 보니 주인이 눈치를 채게 되었지만, 이 두 사람은 떼려야 뗄 수가 없는 사이가 되고 말았다.

하루는 고관이 불륜 현장을 잡고자 출장을 간다고 해놓고 몰래 안방 장롱 속에 숨어 잠복을 하고 있었다.

　밤이 되자 두 사람은 마치 부부인 양 스스럼없이 불륜을 저지르고 있었다. 그 꼴을 보고 있던 고관은 칼을 뽑아 들고 가신을 향해 달려들었지만 워낙 무예가 뛰어난 고수인 가신을 당해낼 수가 없었다. 가신은 주인이 사실을 안 이상 죽일 수밖에는 도리가 없었고, 그 길로 둘은 도망을 가게 되었다. 주인을 살해하고 아직 어린 자식마저 팽개쳐버린 두 사람은 아주 먼 곳으로의 낭인생활을 시작했다. 그래도 처음에는 도망 나올 때 챙긴 패물이며 돈으로 생활하였지만 몇 년을 도피 행각을 하다 보니 수중엔 동전 한 닢도 없게 되었다. 가신은 이젠 도적질까지 해가면서 숨어사는 자기 자신을 돌이켜 보면서 문득 지난날을 생각해 보니 기가 막혔다. 사무라이 집안에서 태어나 무사로서 한 집안의 가신으로 뽑혀 그 집을 지켜야 할 사람이 오히려 자기 손으로 주인을 살해하고 남의 여자를 가로챈 불륜을 저지르고, 이젠 도적질까지 한 자신을 생각하고는 회한의 눈물을 흘렸지만 이미 엎질러진 물이었다.

　그 길로 그는 여인 곁을 빠져 나와 머리를 깎고 중이 되어 산중으로 들어가 참회의 길을 가게 되었다. 어느 날 험준한 산의 고갯길을 지나가는데 앞서 가던 사람이 발을 헛디뎌 낭떠러지 아래로 떨어지는 모습을 보았다. 순간 스님은 생각했다.

　'여기에다 터널을 만들어서 많은 사람들이 편안하게 다닐 수 있도록 해야겠다. 그래서 다시는 이런 불상사가 없도록 하는 것이

내가 살인을 한 죗값의 만분의 일이라도 갚는 길이다.'

가신이었던 스님은 그 길로 시장에 들러 굴을 파는 데 필요한 연장을 사 들고, 산 입구에다 지낼 움막을 만들고는 그날부터 굴을 파기 시작했다.

생전에 농사도 지어보지 못한 사람이 그것도 혼자서 굴을 파는 일이란 상상을 초월하는 고된 노동이었다. 그러나 스님은 밥 먹는 시간과 잠자는 시간을 빼고는 계속해서 굴을 파 나갔다. 그러기를 28년여의 세월이 흘렀고, 스님은 늙고 초췌한 노인으로 변해 있었다. 하지만 얼마 남지 않은 터널의 완공을 보기 위해 더욱 열심히 일하고 있었다.


그럴 즈음, 당시 고관댁에서 호위무사로 일할 때 어린 아기였던 고관의 아들이 이제 장성하여 30대 초반의 어른이 되었다. 그때 집안 하인으로부터 아버지의 원수가 집안을 지키던 가신이었다는 얘기를 듣고 부친의 원수를 갚기 위해 '절치부심' 피나는 무술을 연마하였고, 수소문 끝에 그 원수가 어느 산속에서 굴을 파고 있다는 사실을 알았다. 아들은 단숨에 굴을 파고 있는 현장을 찾아와서 가신이었던 원수를 찾았는데, 보잘 것 없는 늙은이뿐이었다.

'이 사람이 내 아버지를 죽인 원수란 말인가?'

사무라이 집안 출신의 가신이라면 제법 뼈대 있고 훤칠한 무사로 생각해왔건만, 초로의 늙은이를 보니 기가 막혔다.

하지만 상대는 아버지를 죽인 철천지원수—

칼을 들이대고 아버지의 원수를 갚겠노라고 하며 내리치려 하자, 늙은이는 칼을 막으면서 할 말이 있다며, 말을 듣고 죽여도 좋지만, 자신의 마지막 말을 들어달라며 간곡히 부탁을 했다.

"염치없는 얘기지만 이 터널을 28년 동안 파왔고, 이제 머지않아 완공이 될 테니 그때까지만 기다려줄 수 없겠느냐?"

"좋소이다. 아예 도망갈 생각일랑 하지 말고 일이나 열심히 하시오. 내가 지키고 있을 테니."

젊은이는 자나 깨나 감시를 하고 있었고, 스님은 쉬지 않고 더욱 열심히 굴을 파고 있었다. 하지만 하루 이틀도 아니고 매일 감시하는 것도 지겨워지자 생각을 바꾸기로 했다. 내가 일을 도와주면 터널이 빨리 완성될 수 있고, 그러면 아버지의 원수를 빨리 갚을 수 있다는 생각에 같이 터널을 파기 시작했다.

일은 훨씬 수월하게 진행되었고 거의 완공을 눈앞에 두게 되었다. 처음 시작할 땐 감시하기가 귀찮아서 시간이나 때울 요량이었지만 하루 이틀 스님이 하는 굴 파는 작업에서 오히려 젊은이도 감화되어 같이 따라하게 되었다. 굴이 완성되면 스님은 젊은이로부터 죽게 될 것이라는 걸 알면서도 잠시도 쉬지 않고 묵묵히 그 일을 해나갔다. 젊은이도 함께 일한 지 어느덧 6개월—

드디어 29년 만에 험준한 고갯마루에 시원한 터널이 완공되었다. 늙고 초췌한 스님은 흙에 찌든 작업복을 새 옷으로 갈아입고는 젊은이 앞에 무릎을 꿇고 앉았다.

"자 젊은이, 그대 아버지 원수의 목을 베시오. 이제 난 죽어도 여한이 없소이다."

젊은이가 늙은이를 부축해 세우면서 말했다.

"스승님, 그만 일어나시지요. 지난 얘길랑 다 그만하시지요. 스승님의 굴 파는 작업을 지켜보면서 참회행이 무엇인지를 깨달았습니다. 처음 여기 왔을 땐 당신을 죽여 아버지의 원한을 갚을 생각뿐이었는데, 같이 일을 하면서 성실한 마음과 참회하는 모습을 보고는 오히려 많은 것을 더 배웠습니다. 이젠 스승으로 모시고 따르겠습니다. 오늘 이 터널의 완공으로 인해 스승님과 저는 철천지원수의 악연에서 스승과 제자의 인연이 된 것입니다. 절 받으십시오."

스님은 젊은이를 붙들고 회한의 눈물을 한없이 쏟아내고 있었다.

조선왕조를 세우고 불교를 중흥할 무렵, 태조 이성계가 어느 날 무학대사를 맞아 이런저런 얘기를 나누며 점심을 먹던 중 문득 장난스런 내기를 제안하였다. 당시 이성계는 왕이 된 후 모든 사람들이 자신을 떠받들며 왕으로서 공경할 뿐 진심으로 편안하게 대하는 사람이 없었다. 때로는 왕이 되기 이전의 평범한 삶이 그리워지기도 하고 왕으로서의 형식과 체면을 벗어버리고 싶기도 하였다. 왕사로 모신 무학대사와는 그런 인간적인 만남이 가능하였다.

"대사님, 우리 서로 욕하기 내기를 해보는 것이 어떻겠습니까? 과인은 대사님을 욕하고 대사님은 과인을 욕하는 내기지요."

"그러시다면 상감께서 먼저 빈도에게 욕을 하시지요."

"그렇게 하지요. 과인이 보기엔 대사님은 꼭 돼지 같이 음식을 드십니다."

"빈도가 상감을 뵙기에는 부처님과 다를 바 없습니다."

"아니 대사님, 과인이 욕하기 내기를 하자고 했지 않았습니까? 대사님도 과인이 임금이라고 하여 아첨을 하시는군요."

"아닙니다. 돼지 눈에는 온 세상이 돼지로 보이고, 부처 눈에는 온 세상이 부처로 보이지요."

이러하니 무학대사를 돼지라고 한 태조는 오히려 돼지가 되고, 태조를 부처님이라고 한 무학대사는 부처님이 되는 셈이다.

그러자 태조는 무릎을 치며 감탄하였다.

"과인이 졌습니다. 과연 대사님은 과인의 스승이시고 이 나라의 스승이십니다."

목격자가<br>
된<br>
돌장승

 따스한 봄날—

점심을 먹고 나른한 몸을 이끌고 고갯마루를 오르던 비단장수는 밀려오는 졸음을 참지 못해 길옆 언덕배기에 비단 봇짐을 풀고는 낮잠을 잤다. 얼마나 잤을까.

한참을 자고 일어나서 행장을 차리는데 옆에 있던 비단 봇짐이 통째로 사라진 게 아닌가! 낮잠을 자는 사이에 도둑을 맞은 것이다. 급히 마을로 달려가 고을 원님께 이 사실을 아뢰고 한시바삐 비단을 찾아줄 것을 부탁하였다. 원님은 골똘히 생각하다가 비단장수가 낮잠을 잤다는 현장을 찾았다.

무언가 실마리를 찾기 위해서였지만 언덕배기에는 인적도 없었고, 마침 그 자리에 돌장승이 하나 서 있었다. 뭔가 생각한 원님은 빙그레 웃으며 관속들에게 돌장승을 현장을 목격한 유일한 목격자로 지명하고 고을로 압송하도록 명하였다.

이 해괴한 소문을 듣고 고을 사람들은 구경거리라도 난 듯 몰려
들었다. 고을 원님은 구경 온 사람들에게 공무집행방해죄를 씌워
전부 잡아들였다.

그리고는 방면을 원하거든 비단 한 필씩 가지고 오면 즉시 풀어
주겠다고 하였다. 잡혀간 사람들은 억울하지만 어쩔 수 없어 백방
으로 연락하여 비단 한 필씩을 구해왔는데, 마침 비단 장수가 잃
어버렸던 비단도 여러 필이 고을 원님에게로 들어왔다.

회심의 미소를 짓고 있던 원님은 그 비단을 사온 사람들을 조사
하여 이를 역추적해서 비단 도둑을 잡아들였다.

헐**씨**어도
과보는
받는다

옛날 어느 산중 마을에 조그마한 암자가 하나 있었다. 아랫마을은 대대로 농사를 지어 살아가는 가난한 동네였다. 그래도 불심은 있어 행사 때면 절을 찾아 기도를 드리기도 하고, 혹시 돈이 급하면 스님께 빌려 쓰고 갚기도 하였다.

헌데 문제는, 스님이 돈을 빌려주면 그냥 원금만 받는 게 아니라 고리의 이자를 받기 시작하면서 이곳 주민들과 갈등이 생기기 시작한 것이다. 하지만 없는 사람들이 은행 문턱을 넘기란 더 어려운 일이다 보니 어쩔 수 없이 사채를 쓸 수밖에 없었다. 돈벌이에 재미를 붙인 주지는 염불보다는 잿밥에 눈독을 들여 이젠 아주 고리대금업자로 나섰다.

어느 날, 이 마을 젊은이가 스님에게 돈을 빌려 쓰고 원금을 갚는 날이 되어 절을 찾았다. 마침 주지스님은 낮잠을 자는지 불러도

가슴으로 와 닿는 얘기들 **189**

대답이 없고 인기척은 나는 듯해서 밖에서 좀 기다리기로 했다.

도량을 이리저리 걷고 있는데 저쪽 장독대 입구 댓돌 위에 커다란 구렁이 한 마리가 똬리를 틀고는 꼼짝도 하지 않고 있는 것이었다. 지루하기도 했고 또한 절 도량에 저런 미물이 있으면 좋을 것 같지 않아서 쫓아버릴 생각에 자갈흙을 한 줌 쥐고는 구렁이한테 던졌다. 그런데 웬만하면 기겁을 하고 도망을 갈 텐데도 구렁이는 꿈쩍도 않는 것이었다.

몇 번을 시도해도 움직이질 않고 오히려 젊은이를 놀리는 것 같아 좀 큰 자갈을 주워 머리통을 향해 던졌다. 그제야 정신을 차린 구렁이는 혼비백산을 하고는 줄행랑을 쳤다.

그때 안방에서 낮잠을 자고 있던 스님이 외마디 비명을 지르면서 밖으로 나오는데, 이마에 피멍이 들었는지 시퍼렇게 부어올라 있었다. 멋쩍은 스님은 어�쩐 일로 왔냐면서 심기가 불편한 채 물었다.

"스님, 일전에 빌려간 돈 원금하고 이자까지 가지고 왔습니다."

"이리 주고 가거라. 뭐 다른 볼일이 남았느냐?"

"그런 건 아닙니다. 그런데 스님 조금 전에 이상한 일이 있었습니다."

"뭔지 말해보아라."

젊은이는 뜬금없이 말했다.

"스님, 스님은 돈 많이 있지요?"

"예끼 이놈! 내가 무슨 돈이 많다고 하느냐. 좀 모이면 동네에서
이 사람이 쓰고 또 저 사람이 쓰고 하는데 나한테 무슨 돈이 있다
고 그러느냐!"

"스님, 난 스님이 돈 어디에다 숨겨두고 있는지 압니다. 저 장독
대 댓돌 아래에 감춰놨지요?"

순간 스님은 깜짝 놀랐다.

"아니 네놈이 어떻게 그걸 안단 말이냐?"

"스님, 제가 여기 온 지 한 시간이 지났습니다. 스님이 방에서
주무시는 것 같아 밖에서 기다리고 있는데, 저기 장독대 댓돌에
구렁이 한 마리가 똬리를 틀고 있기에 내쫓으려고 해도 꿈쩍을 하
지 않아서 자그마한 돌멩이를 던져 머리 쪽에 맞혔더니 그제서야
구렁이가 도망을 가는데, 그 순간 안방에서 스님의 비명소리와 함
께 스님의 이마에 혹과 피멍이 들어 있었습니다.

스님의 이마에 멍 자국과 구렁이가 머리통을 맞은 이 우연을 어
떻게 해명하겠습니까? 스님의 몸은 방에서 낮잠을 자고 있었지만
욕심 많은 스님의 혼은 밖을 나와 구렁이가 되어 돈을 숨겨둔 그
곳을 지키고 있었던 것입니다.

스님, 이제라도 착하게 사십시오! 가난한 이곳 동네주민에게
이젠 베풀면서 사십시오."

말을 마친 젊은이는 그렇게 내려가 버렸다. 멍하니 넋을 잃고
있던 스님은 그제서야 정신을 차리고는 지난날을 회상해 보았다.

머리를 깎고 출가해서 부처님 가르침을 따라 신도들에게 그 가르침을 전해야 할 스님이, 남들보다 더 베풀고 보시해야 할 스님이, 돈 버는 데 재미를 붙여 눈이 멀어버린 자신을 그제서야 깨닫게 된 것이다.

'정말 못할 짓을 하고 살았구나.'

그 청년의 말은 어느 큰스님의 법문보다 크게 스님에게 다가왔던 것이다. 하염없이 회한의 눈물을 흘린 스님은 다음날 자기가 가지고 있던 전답 문서들과 댓돌 아래 묻어둔 돈 항아리를 챙겨서 마을로 내려갔다. 마을 사람들이 모두 모인 자리에서 그동안의 잘못을 참회하고 가지고 있던 전답과 돈을 골고루 나누어주고, 깊은 산중으로 들어가 참회행을 하며 살았다고 한다.

# 아름다운
# 이야기 I

 서울 변두리에 다섯 아이들을 올망졸망 키우며 살아가는 아버지가 있었다. 아버지는 온몸에 화상을 입은 듯 보기 흉하고 징그러운 모습을 하고 있었다.

애들이 커 가면서 학교를 가게 되자 친구들을 사귀면서 아버지가 무서운 사람처럼 생긴 걸 보고 애들이 실망하고 놀림감이 될까 봐, 이웃 친척에게 애들이 성장하여 살아갈 수 있도록 집과 예금 통장을 건네주면서 간곡히 부탁을 하고는, 시골에서 혼자 살아갈 결심으로 잠적을 해버렸다.

아이들은 고아 아닌 고아로, 어려운 형편 속에서도 착하게 성장하였다.

어느덧 세월이 흘러 아이들은 장성하여 결혼을 하였고, 자식까지 두고 단란한 가정을 이루며 나름대로 행복한 나날을 보내고 있었다. 하지만 아버지는 이젠 나이가 들어 병마와 싸워가며 그날그날을 고통 속에서 병상생활을 하고 있었다. 이웃에서 정을 나누던 친구가 말했다.

"자네는 서울에 장성한 아들딸이 다섯이나 있다고 늘 자랑을 하면서 왜 자식에게 연락을 안 하는가? 이제 살면 얼마나 더 살 수 있을는지도 모르는데 애들이 보고 싶지도 않는가?"

하고 핀잔을 했다. 순간 잊고 지내왔던 자식들이 너무나도 보고 싶고 이제 눈을 감으면 다시는 보지 못할 것 같아, 친구에게 자식들의 연락처를 가르쳐 주면서 기별을 보내 달라고 부탁을 했다. 연락을 받은 아들딸들은 모여서 의논을 했다. 평생을 고아로 살아오면서 부모님이 일찍 돌아가시고 없는 줄로만 알고 있었는데 이제야 나타나서, 그것도 다 죽어가는 몸으로 병원에 있다니, 어떻게 해야 좋은지 의견이 분분했다.

하지만 모진 게 인연이라 아버지라면 돌아가시기 전에 얼굴이라도 보는 게 자식의 도리라고 의논을 모으고 아버지가 입원해 있다는 병원을 찾았다. 아버지의 모습은 사람이라고 하기엔 너무 흉측하고 무서운 모습이었다. 지금까지 이런 모습으로 어떻게 살아왔는지 궁금할 정도였다. 형제들은 처음 만난 부자의 정은커녕 말도 제대로 붙여보지도 않고 벌레 씹은 모습으로 잠깐 보고는 돌아와 버렸다.

올라온 지 채 며칠 되지 않아 아버님이 위독하다는 연락을 받고는 주위의 눈치 때문에 어쩔 수 없이 내려갔더니 자식들이 도착하기도 전에 아버지는 싸늘한 시신으로 변해 있었다. 도리 없이 장례를 치를 준비를 의논하였다. 지방에서 오랫동안 있을 수도 없고 해서 간단한 화장절차를 밟기로 했다.

그런데 그곳에 있던 아버지의 친구라는 아저씨가 "자네 아버지가 운명하기 전에 자식이 오거든 아무 곳이라도 좋으니 꼭 매장을 해달라고 부탁을 했다"면서 아버지의 유언대로 양지바른 곳에다 묻어주면 어떻겠느냐고 하는 것이었다. 하지만 자식들은 매장을 하면 경비도 만만찮고 무엇보다도 묘를 쓰면 성묘 때와 벌초, 그리고 명절 때마다 산소를 둘러봐야 하는데 번거롭고 귀찮아서 그냥 화장을 해버렸다.

장례를 마치고 아버지가 살던 집에 들러 세간살이를 정리하고 옷가지와 책들을 태우는데 일기장 같은 비망록이 눈에 띄었다. 살아생전에 무슨 이야기를 써놓았는지 궁금하기도 하여 펼쳐 보았다. 그 비망록은 자식들과 부인에게 보내는 편지로 쓰여 있었다.

아들딸들은 말없이 편지를 읽어 내려갔다.


......

그날도 여느 날과 같이 잔업이 있어 좀 늦게 회사 일을 마치고 집으로 가고 있었다. 동네 어귀에 들어서니 소방차와 함께 화염이 온 동네를 감싸고 있었다. 급한 마음에 달려가니 바로 우리 집이 아닌가! 벌써 불은 온 집을 감싸고돌아 소방관들도 엄두를 내지 못하고 소방호스로 물만 뿌려대는데 우리 식구들은 보이질 않는 것이다.

안에 사람이 있는지 없는지도 알 수 없다는 얘기를 듣고는 물을 한 동이 뒤집어쓰고 집안으로 뛰어 들어갔다. 앞뒤 분간도 할 수 없는 곳을 감각 하나로 안방을 찾아 소리를 질러대니 벽 쪽에서 신음소리가 났다. 손을 더듬어 자욱한 연기 속에서 나뒹굴러진 휠체어에 아내가 움츠리고 있었다.

급히 아내를 들쳐 업고 나오려 하자 아내는 장롱 속을 가리키며 아이들을 먼저 데리고 나가라고 했다. 휠체어에 거동마저 불편한 사람이 자식을 살리겠다고 연기가 덜한 장롱 속으로 데려다 놓았던 것이다.

장롱 문을 여니 겁에 질린 애들이 연기에 질식되어 기침을 해대며 울어대는데 이젠 농짝에도 불이 옮겨 붙는 위험천만한 일이었지만, 나는 포대기에 다섯 애들을 감아 싸서 초인적인 힘을 발휘하여 어떻게 불길을 빠져 나왔는지, 애들을 풀어놓고는 기절을 해 버렸던 것이다.

비몽사몽을 해매인 지 며칠 만에 정신을 차리고 나니 병원이었고, 당신은 불속에서 운명했다는 얘기를 들었소. 내가 조금만 일찍 귀가를 했어도 당신을 구할 수 있었을 텐데. 불속에 기대어 있던 당신 모습을 생각하면 지금도 안타까워 미칠 것만 같소. 성치 않은 몸으로 다섯 애들을 불길이 덜한 장롱 속으로 피신시키고,

당신은 빠져나올 수 있었던 그 시간에 자식들을 위해 고귀한 희생을 했던 것이요. 모진 목숨—

그때 같이 죽지 못한 것이 지금까지 한이 되는구려. 하지만 여보, 애들은 걱정 마오. 이제 훌륭하게 장성해서 결혼도 했고 자식까지 두었으며, 들리는 소문에는 선생님까지 한다고 하니, 이제 무슨 여한이 있겠소. 하루빨리 당신을 만나는 게 내 소원이요. 이 지긋지긋한 삶을 하루빨리 마치고 사랑하는 당신 곁으로 가고 싶소. 사랑하오!

당신을 한시도 잊어본 적 없는 못난 남편.


비망록을 읽고 있던 형제들은 아버지를 부르면서 어쩔 줄을 몰라 했다. 추악한 몰골로 한 맺힌 생활을 해왔던 아버지가 바로 우리 다섯 형제들을 살리기 위해 불길 속에 뛰어 들어 화상을 입은 줄도 모르고, 병상에서도 외면했었고 임종도 보지 못했던 것이다. 눈물이 범벅이 된 자식들은 "사랑하는 아이들에게"라는 마지막 편지를 읽어 내려간다.


......

너희들에게 아버지라고 하기엔 제대로 아무것도 해주지 못하고 짐만 지우게 해서 미안하구나. 한참을 재롱부릴 어린 나이에, 부모의 사랑을 받고 커야 할 때, 우리 가족의 행복을 송두리째 앗

아간 날. 그날을 이 아비는 잊을 수가 없단다.

모진 목숨— 죽지 못하고 너희들을 키워왔지만 학교에 갈 때쯤이면 화상을 입은 찌그러진 애비의 모습을 보고 놀림을 당하면서 평생을 기를 못 펴고 살아갈 너희들을 생각하니, 차라리 걸림돌이 되는 것보다 너희 곁을 떠나는 게 더 나을 것 같은 생각에 이 길을 택했단다.

하지만 지금까지 한시도 너희들을 잊어본 적이 없었다. 허나 이제 장성한 너희들을 보고 나니 더 이상 바랄 게 없단다.

이제 한시 바삐 너희 어머니를 만나 그간의 못다 한 정을 나누고픈 마음뿐이란다.

사랑하는 내 아들딸들아!

내 너희들에게 못난 아버지이지만 내 마지막 소원 하나 들어주려므나.

그때의 불길에 놀라고 화상에 평생을 고생하면서 살아오다 보니 죽더라도 화장은 싫구나. 다시 그 옛날 같은 불구덩이 속으로 들어가기가 싫단다. 양지바른 곳이 아니더라도 그냥 흙 속에 파묻혀 생을 마감하고 싶으니 번거롭더라도 못난 애비의 마지막 청을 들어 주렴!

사랑한다. 아들딸들아—

못난 아비가.

내용은 그렇게 끝을 맺었지만 오남매는 넋이 나간 채 아무 말도 못하고 하염없는 눈물만 흘리고 있었다. 서로 부둥켜안고 울 뿐 무어라고 아버지에게 속죄를 해야 할지, 애통하게 아버지만 부를 뿐이었다.

차라리 비망록을 보질 않았더라면……

원망스런 비망록을 끌어안고 서러운 눈물을 흘렸지만 후회를 해도 소용없는 일이었다.

임종 전에만 비망록을 봤더라면……

아니, 이웃 아저씨 말씀만 귀담아 들었어도, 살아 계실 때 그때 좀 더 살갑게 대화라도 가졌더라면 이렇게 서럽고 후회스럽고 부끄럽고 가슴이 미어지지는 않았을 텐데…….

아버지를 다시금 불구덩이 속으로 몰아넣은 자식들의 마음은 새까만 숯덩이가 되어버렸다. 서울로 돌아온 형제들은 모여서 의논 끝에 화상으로 고생하는 많은 환자들을 도우는 것이 돌아가신 부모님을 위하는 길이라고 생각하고, 시간 나는 대로 화상병동을 찾아 간병과 어려운 환자를 지원하면서 속죄의 나날을 살아가고 있다고 한다.

# 아름다운
# 이야기 Ⅱ

 옛날 어느 고을에 젊은 내외가 살고 있었다. 자기 땅은 없었지만 고을 부잣집 땅을 소작하여 부지런하고 착실하게 살아가고 있었다. 살림이 없어 가난하였지만 정직하고 성실하여 마을 사람들로부터 좋은 사람으로 평판이 나 있었다.

추수를 얼마 남기지 않은 어느 날.

없는 살림에 제삿날 다가오듯 그날이 할아버지 할머니의 기일이었다. 하지만 집에는 양식조차 떨어져 떡을 할 처지가 못 되었고, 그렇다고 추수를 하지 않은 때라 양식을 빌리러 갈 수도 없고, 다른 건 못 차리더라도 떡은 제사상에 올려야겠기에 할 수 없이 자신이 소작을 하는 대감댁 논의 벼를 좀 베어다가 방아를 찧어서 떡을 하기로 했다.

해마다 추수 때가 되면 미리 논을 둘러보면서 올해는 농사가 잘

됐는지 병충해는 없는지 사찰을 하던 대감은, 매년 이맘때면 변함없이 논 한 모퉁이가 이빨 빠진 것처럼 나락이 없어지는 걸 이상하게 생각하고 있던 참이었다.

산짐승이 왔다 갔다면 부근이 쑥대밭이 되어 짓밟혀 있어야 하는데 그곳만 깨끗하게 베어져 있었고, 이는 벌써 몇 년째 계속되는 일이었다. 올해에는 무슨 일인지 반드시 밝혀내야겠다고 생각하고 밤늦게 숨어서 지키고 있었다.

그러기를 며칠째—

밤이 이슥해지자 시커먼 사람 하나가 낫을 들고 논으로 들어가더니 나락을 베어서 가지고 가는 것이었다. 도둑질을 하려면 좀 많이 가져가야 하겠지만 그렇질 않았기에, 뭣 때문에, 또 어디에 쓸지 궁금하여 미행을 했다.

한참을 따라가니 자기 집안에서 소작을 하는 농사꾼이었다. 괘씸하기도 했지만 착하고 성실한 사람이 왜 그럴까 생각하던 중, 자세히 살펴보니 그날이 제삿날이었다.

급히 나락을 훑어 방아를 찧고 떡을 하여 차려놓고 제사를 지내는데 젊은 내외가 절을 하며 할아버지 할머니께 하는 말이 "오늘이 조부모님 기일입니다. 아직 형편이 넉넉지 못하여 이렇게 떡과 멧밥만 올립니다. 제가 농사짓는 대감댁에 풍년이 들게 해주시면 내년엔 좀 더 많은 음식을 차릴 수 있을 것입니다. 아무쪼록 대감댁에 내년 농사 잘되어서 풍년이 되게 해주십시오. 그렇게만 되면 저희들은 더 바랄 게 없습니다." 하고는 또 절을 올리는 것이었다.

대감은 묘한 감정에 휩싸여 한참을 보고 있다가 말없이 집으로 돌아왔다.

집에 와서 생각을 해보았다. 그리고는 그동안 농사가 풍년이 되어 부자가 되고 또한 농토를 늘리게 된 것이 부지런하고 성실한 젊은 소작농 덕분이란 걸 알게 되었다. 다음날 아침, 사람을 보내 소작하는 젊은이를 집으로 데려왔다. 젊은이는 혹시라도 도둑질한 게 들키지나 않았는지 겁이 덜컥 났지만 대감께 인사를 하고 앉았다. 대감은 사랑채에 일러 밥상을 마련해 놓고는 어제 있었던 일을 소상히 얘기해주고는

"내가 이렇게 편안하게 잘 살 수 있었던 게 모두 자네의 덕일세. 부모님과 조상님의 제사 때에도 대감댁에 풍년이 들라고 기도를 해주는 사람이 있기에 내가 부자로 살고 있는가 보네."

그리고는 다음과 같이 말했다.

"내 오늘 자네에게 큰 상을 내릴 것이야. 작년에 사들인 땅마지기를 자네 앞으로 내줄 것이니, 그걸로 자네 농사도 짓고 또한 예전처럼 우리 소작일도 부지런히 해주게나!"

착한 사람은 하늘도 감동하여 돕는다고 한다.

너에게
묻는다

 주문한 설렁탕이 사무실로 배달되자 사무실 사
람들은 점심식사를 하려고 회의실로 모여들었
다. 그때 사무실 문이 열리더니 김 대리가 청소하는 아주머니의
팔을 끌며 안으로 데리고 들어왔다.

"왜 거기서 식사를 하세요?"

"우리도 식사를 하려던 참인데 같이 하시면 좋잖아요. 어서 이
리 앉으세요."

김 대리는 도시락을 손에 들고 멋쩍어하는 아주머니를 기어코
자리에 앉혔다.

"아니에요. 저는 그냥 나가서 혼자 먹는 게 편한데……"

"아주머니 저도 도시락 싸왔어요. 이거 보세요."

정이 많은 김 대리는 아주머니의 도시락을 뺏다시피 해서 탁자
위에 올려놓고는 자신의 도시락을 나란히 꺼내놓았다.

“아니, 왜 이 건물엔 청소하시는 아주머니가 식사할 곳 하나 없어!”

“그러게나 말야.”

“글쎄, 날씨도 추운데 옥상으로 올라가는 계단에서 식사를 하시려 하잖아.”

김 대리는 안쓰러운 표정을 지으며 동료들에게 말했다. 멀찌감치 듣고만 있던 창수도 고개를 끄떡였다. 아주머니가 싸온 반찬통에는 시들한 김치만 가득했다. 숫기가 없는 아주머니는 자신이 싸온 초라한 반찬이 창피했는지 고개를 숙인 채 조심스럽게 식사를 하고 있었다.

김 대리는 아내가 정성스레 준비한 김이며 장조림이며 명란젓을 몇 번이고 아주머니에게 권해 드렸다.

김 대리는 아주머니가 싸온 시들한 김치만 먹었다.

“김치 참 맛있네요, 아주머니!”

김 대리의 말에 아주머니는 소리 없이 미소만 지었다.

다른 동료들도 아주머니가 싸온 김치를 맛나게 먹었지만 창수는 단 한 조각도 입에 넣지 않았다. 창수는 왠지 그 김치가 불결해 보였다. 워낙에 시들한데다가 김치를 담은 반찬통은 너무 낡아 군데군데 허옇게 벗겨져 있었고 붉은 물까지 들어 있었다.

밥을 다 먹고 나자 창수는 아주머니에게 미안한 생각이 들었다. 창수는 출근할 때 아내가 보온병에 담아준 율무차를 아주머니에게 주었다. 종이컵에 따르면 두어 잔이 나오지만 머그잔에 가득 따라 자신은 먹지 않고 아주머니에게만 주었다. 아주머니는 거듭 사양했지만 결국 성화에 못 이겨 율무차를 마셨다.

아주머니는 그 자리가 어려웠는지 율무차를 마시는 내내 벽 쪽만 바라보고 있었다.

"정말 맛있게 먹었어요. 근데 제가 다 마셔서 어떻게 하지요?"

"아니에요."

아주머니는 율무차를 조금도 남김없이 다 마시고는 머그잔을 씻어주겠다며 밖으로 나갔다.


그날 저녁 집으로 돌아온 창수를 보자마자 아내가 대뜸 물었다.

"아침에 가져간 율무차 드셨어요?"

"그럼."

"어쩌면 좋아요, 맛이 짜서 먹지 못했을 텐데……"

"아니 왜!"

"글쎄 율무차에 설탕을 넣는다는 게 소금을 넣었지 뭐예요. 저녁을 하다 보니까 내가 설탕 통에 맛소금을 담가 놓았더라구요."

창수는 아내의 말에 아무 말도 할 수 없었다. 그리고 자신의 마음을 다시 돌아보게 되었다. 청소부 아주머니가 싸온 김치를 그가 불결하다고 생각할 때, 아주머니는 소금이 들어 있는 짜디짠 율무차를 돌아서서 표 안 내려고 다 마셨다. 조금도 남기지 않고 몇 번이고 맛있다는 말을 되풀이하면서…….

그날 밤 창수는 밤늦도록 잠을 이루지 못했다. 이불 뒤척이는 소리만 밤의 고요를 깰 뿐이었다.

# 겨울에
## 피는 꽃

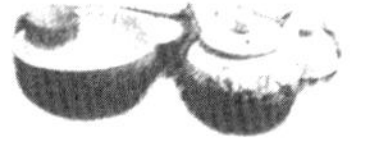 일자리를 잃어버린 후 재호는 몸과 마음이 허물어지고 있었다. 무엇보다도 이제 막 돌이 지난 딸아이에게 먹일 분유값이 없어 애가 탔다.

친척과 가까운 친구들에게도 여러 차례 도움을 받은 터라, 더 이상은 도움을 청할 염치도 없었다. 오늘도 재호는 일자리에 대한 기대를 안고 집을 나섰다.

퀴퀴한 냄새에 찌든 골목길에는 깨어진 연탄재만 을씨년스럽게 날렸고, 아이들이 아무렇게나 써놓은 담벼락 낙서 위로 겨울 햇살이 한나절 둥지를 틀었다.

무거운 하루를 또 다시 등에 지고 돌아오는 길에 재호는 문득 고등학교 동창인 성훈이 생각났다. 성훈이라면 자신의 어려움을 외면하지 않을 거라 생각했지만 재호는 쉬이 발길이 떨어지지 않았다.

그림을 그리는 성훈이도 오래전부터 어렵게 살아왔다는 걸 재호는 알고 있었다. 하지만 오늘은 친구가 무척 보고 싶었다. 재호는 가파른 목조계단을 올라 성훈의 화실이 있는 복도로 들어섰다. 그때 중년의 남자가 흰 종이로 포장된 그림을 들고 계단 쪽으로 걸어 나왔다. 화실 문을 열고 들어서자 성훈은 재호를 반갑게 맞아 주었다.

한겨울에도 화실의 난로는 꺼져 있었다. 두꺼운 옷을 입고 있는 성훈의 얼굴도 까칠해 보였다.

"손님이 왔는데 화실이 추워서 어쩌냐?"

"내가 뭐 손님이냐. 춥지도 않은데 뭐."

재호는 미안해하는 성훈이 때문에 일부러 외투까지 벗어 옷걸이에 걸었다.

"아직 저녁 안 먹었지?"

"내가 빨리 가서 라면이라도 사올게. 잠깐만 기다려."

성훈이 나간 동안 재호는 화실의 이곳저곳을 둘러보았다. 벽에 그려진 그림 중에서 하루의 노동을 마치고 어둠 속에 귀가하는 도시빈민의 질곡의 삶을 그린, 자신을 닮은 그 모습을 한참 동안 바라보았다.

라면을 먹으면서도 재호는 몇 번을 망설였다. 하지만 차마 입이 떨어지지 않았다. 재호는 옷걸이에 걸려 있는 외투를 입었다. 외투의 무게만큼 재호의 마음도 무거웠다.

"나 그만 갈게! 성훈아, 잘 먹고 간다."
"오랜 만에 왔는데 라면만 대접해서 어쩌지!"
"아냐, 맛있게 먹었어. 또 들릴게."

재호는 어둠이 내린 버스 정거장을 서성거렸다. 차가운 바람을 맞으며 어린 딸을 생각하고 아내의 얼굴을 생각했다. 무심코 넣은 외투 주머니 속에 봉투가 들어 있었다. 봉투 안에는 만 원짜리 다섯 장과 천 원짜리 지폐 몇 장이 함께 들어 있었다.

재호 모르게 성훈이 넣어둔 것이었다.

재호는 빠른 걸음으로 성훈의 화실로 달려갔다. 어두운 복도를 지나 화실 문을 열려는 순간, 안에서 성훈의 목소리가 들려 왔다.

"여보, 미안해서 어쩌지. 오늘 오후에 그림을 사러 오기로 했던 사람이 오질 않았어. 수민이 생일선물로 곰 인형하고 크레파스 사 간다고 약속했는데, 차비밖에 없으니 큰일이네."

재호는 차마 화실로 들어가지 못하고 다시 계단을 내려왔다.

추운 화실에 앉아 성훈은 굳어진 손에 하얀 입김을 불어가며 그림을 그렸다. 인형과 크레파스 대신 딸에게 줄 그림 속에는 아기 공룡 둘리가 분홍빛 혀를 내밀며 웃고 있었다. 성훈은 채 마르지 않은 그림을 손에 들고 화실 문을 나섰다. 그런데 바깥문 고리에 커다란 비닐봉지 하나가 매달려 있었다. 어둠 속에서 들여다본 봉

지 속엔 딸이 갖고 싶어 하던 귀여운 곰 인형과 크레파스가 담겨
있었다.

어두운 밤하늘에선 축복처럼 눈이 내리고 있었다. 소리 없이 쌓
이는 눈송이처럼 그들의 우정도 소리 없이 깊어갔다. 사랑은 소리
없이 와 닿을 때 가장 아름답다.

# 풍금소리

한해가 저물어 가고 있었다.

하늘에서 내려온 눈송이들은 풍금소리가 되어 사람들 마음속에 쌓이고 세상의 저녁은 평화로웠다. 난로 위에는 가쁜 숨을 토하며 보리차가 끓고 있고, 처마 밑 고드름은 제 팔을 길게 늘어뜨려 바람에 몸을 씻고 있었다.

저녁 무렵, 음식점 출입문이 열리더니 한 여자아이가 동생들을 데리고 들어왔다. 초라한 차림의 아이들은 잠시 머뭇거리다가 주방에서 가장 가까운 테이블에 자리 잡고 앉았다. 영철이 주문을 받기 위해 아이들 쪽으로 갔을 때 큰 아이가 동생들에게 물었다.

"뭐 시킬까?"

"자장면!"

"나두……"

"아저씨, 자장면 두 개 주세요!"

영철은 주방에 있는 아내 영선에게 음식을 주문한 후에 난로 옆에 서 있었다. 그때 아이들의 말소리가 그의 귓가로 들려왔다.

"근데, 언니는 왜 안 먹어?"

"응, 점심 먹은 게 체했나봐. 아무것도 못 먹겠어."

일곱 살쯤으로 보이는 남자아이가 나무젓가락을 입에 물고 말했다.

"누나, 그래도 먹어. 얼마나 맛있는데!"

"누나는 지금 배가 아파서 못 먹어. 오늘은 네 생일이니까 맛있게 먹어."

큰 아이는 그렇게 말하며 남동생의 손을 꼭 잡아주었다.

"언니, 우리도 엄마 아빠가 있었으면 얼마나 좋을까?"

"저렇게 같이 저녁도 먹구……."

아이의 여동생은 건너편 테이블에서 엄마 아빠랑 저녁을 먹고 있는 제 또래의 아이들을 부러운 눈으로 바라보고 있었다.

바로 그때 영선이 주방에서 급히 나왔다. 그녀는 고개를 갸우뚱거리며 한참 동안 아이들 얼굴을 유심히 바라보았다.

"왜, 아는 애들이야?"

"글쎄요. 그 집 애들이 맞는 것 같은데……."

잠시 생각에 잠겨 있던 영선은 아이들에게 다가갔다.

"너 혹시 인혜 아니니?"

“인혜 맞지?”

“네, 맞는데요. 누구세요?”

영선의 갑작스런 물음에 아이는 어리둥절해 했다.

“엄마 친구야. 나 모르겠니? 영선이 아줌마— ”

“……”

개나리 같이 노란 얼굴을 서로 바라볼 뿐 아이들은 말이 없었다.

“한 동네에 살았는데 네가 어릴 때라서 기억이 잘 안 나는 모양이구나. 그나저나 엄마 아빠 없이 어떻게들 사니?”

그녀는 너무나 반가운 듯이 아이들의 얼굴을 하나하나 어루만지고 있었다.

“인정이도 이제 많이 컸구나. 옛날엔 걸음마도 잘 못하더니……”

그제야 기억이 났다는 듯 굳어 있던 아이들의 얼굴에 환한 미소가 번졌다.

“조금만 기다리고 있어. 아줌마가 맛있는 것 금방 해다 줄께!”

영선은 서둘러 주방으로 갔다. 그리고 잠시 후 자장면 세 그릇과 탕수육 한 접시를 내왔다. 아이들이 음식을 맛있게 먹는 동안 그녀는 내내 흐뭇한 얼굴로 아이들을 바라보고 있었다.


“안녕히 계세요!”

“그래 잘 가라. 차 조심하구…… 자장면 먹고 싶으면 언제든지

와! 알았지!”

“네…….”

영선은 문 앞에 서서 아이들이 저만큼 걸어갈 때까지 손을 흔들어 주었다. 어두운 길을 총총히 걸어가는 아이들의 뒷모습이 처마 끝에 매달려 제 키를 키워가는 고드름처럼 힘겨워 보였다.

아이들이 가고 난 뒤 영철은 영선에게 물었다.

“누구네 집 애들이지? 나는 아무리 생각해도 기억이 안 나는데…….”

“사실은 나도 모르는 애들이에요. 엄마 아빠가 없는 아이들이라고 해서 무턱대고 음식을 그냥 주면 아이들이 상처를 받을지도 모르잖아요. 엄마 친구라고 하면 아이들이 또 올 수도 있고 해서…….”

“그랬었군. 그런데 아이들 이름은 어떻게 알았어?”

“아이들이 말하는 걸 들었어요. 주방 바로 앞이라 안에까지 다 들리던데요.”

“이름까지 알고 해서 나는 진짜로 아는 줄 알았지.”

“오늘이 남동생 생일이었나 봐요. 자기는 먹고 싶어도 참으면서 동생들만 시켜주는 모습이 어찌나 안 돼 보이던지…….”

영선의 눈에 맺혀 있는 눈물이 금방이라도 흘러내릴 것만 같았다. 가난으로 주눅 든 아이들에게 상처를 주지 않으려고 한 아내

를 보며 영철은 많은 생각을 했다. 그날 저녁의 감동은 기억 저편
에서 아스라이 들려오는 풍금처럼 지금도 그의 마음속에 깊이 울
려 퍼지고 있다.

상처를 주지 않고 사랑하기란 얼마나 어려운 일인가! 소리 없
이 아픔을 감싸준다는 것은 얼마나 아름다운 일인가!

# 참다운
# 보시

 어떤 부자가 주암산의 절로 공양물을 가득 싣고 올라가고 있었다. 그때 지나가던 거지여인이 생각하기를

'저 사람들은 전생에 선행을 많이 쌓아 부자가 되어 지금 저렇게 많은 공양물을 부처님께 올리는구나. 지금 나도 공덕을 쌓지 않는다면 내생에서는 더욱 박복해질 것이다.'

라고 하고는 그 길로 절로 올라가 자신이 가지고 있던 동전 두 닢 전부를 아낌없이 보시하고 부처님께 절을 올렸다.

보시를 받은 스님은 그 여인에게 발원문을 읽어 주었고 그 축원을 들은 거지여인은 기쁜 마음으로 돌아왔다.

오는 길에 거지는 길옆에서 잠이 들었고, 지나가던 왕의 행차 길에 왕이 그 여인의 평온하게 잠든 모습에 반해 왕궁으로 데려왔다. 깨끗이 목욕하고 예쁜 옷으로 차려입으니 여느 규수 못지않아 왕비로 맞아들였다.

행복한 나날을 보내던 왕비는 어느 날 왕에게 부탁했다.

"제가 비천한 몸으로 임금의 사랑을 받아 왕비가 된 것은 저를 인도해주신 스님의 덕이니, 주암산의 스님께 시주를 할 수 있도록 해주십시오."

왕은 흔쾌하게 허락을 하였고, 왕비는 시종들과 함께 곡식과 보물을 가득 싣고 스님을 찾아갔다. 그런데 스님은 크게 기뻐하지도 않고 축원도 다른 스님에게 하게 하는 등 여간 섭섭하지가 않았다.

하도 이상해서 스님께 물었다.

"스님, 제가 비천한 몸으로 동전 두 닢을 시주할 땐 직접 반겨주시고 또 발원문도 외워주시더니, 오늘 왕비가 되어 여러 시종들과 많은 시주와 재물들을 보시하는데 왜 직접 발원문을 해주지 않으십니까?"

스님은 왕비를 위해 가르침을 주었다.

"동전 두 닢을 보시했을 땐 갸륵한 마음이 충만했지만 지금은 자랑하는 마음이 도사리고 있습니다.

베푸는 마음이나 보시하는 마음에는 자랑하는 마음이나 상을 내고자 하는 마음이 없어야 합니다. 복을 받고 복되게 살려거든 남에게 우선 복을 나누어주고 그 나누었다는 마음을 버리십시오. 그래야만 복이 늘어나고 악이 제거되어 불도를 이룰 수 있게 됩니다.

그리고 항상 부처님을 생각하는 그 진실한 마음 그대로 이웃을 대하고 가족을 대하고 자신을 대하십시오. 복은 자신을 부처로 대하고 가족과 이웃을 부처님처럼 대할 때, 그 속에서 얻어집니다.

욕심이 없고, 진실되며, 부지런하고, 남에게 베풀면서 사는 마음 자체가 이미 복이며, 내세까지 이어지는 가장 큰 재산임을 명심하시길 바랍니다."

태조 이성계는 고려 공민왕의 신하로 북벌에 공을 세운 장군이었으나, 국세가 약한 틈을 타서 공민왕을 폐위시키고 자신이 새로운 나라를 세운 개국의 주인공이 되었다. 하지만 고려로 보면 역신의 배신 장군이었다.

새로운 나라 이름을 고려로 답습할 수 없었던 그는 고조선의 맥을 잇겠다는 의지를 담은 '조선'으로 이름을 지어 나라의 국명으로 삼을 생각을 하고, 명나라의 재가를 받기 위해 많은 사신을 보냈으나, 배신 역적 이성계를 모시는 신하라는 이유 때문에 모두 돌아오지 못하고 처형당했다. 그 후 공신들은 중국에 가기를 서로 꺼려하게 되었다.

생각다 못한 태조는 중국을 수차례나 내왕하며 명 태조와 친숙한 관계를 맺고 있었던 정승 조반趙□을 보내기로 하였다.

조반은 매우 난처하였으나 왕명인지라 하는 수 없이 떠나야 했다. 불교를 믿었던 조 정승의 가족들은 평소 다니던 절에 올라가 무사히 대사를 이루고 돌아올 수 있도록 기도를 하였고, 조 정승도 자신이 즐겨 읽던 『관음경』, 『금강경』 등의 경전을 읽으며 일이 성취되기를 발원하였다.

개경을 떠난 일행은 황해도 서흥의 어느 주막에서 생사가 달려 있는 여행길의 첫 밤을 착잡한 심정으로 지새웠다. 그런데 비몽사몽간에 가사장삼을 입은 세 사람의 사미승이 조 정승 앞에 나타났다.

"대감, 너무 상심하지 마십시오. 그렇게 초조한 마음을 가지고서는 대사를 이루기 어렵습니다. 마음을 굳게 잡수시고 신표를 청하십시오."

"신표라니? 무슨 좋은 방도가 있는가?"

"예, 방도가 있습니다. 이 집 뒤편 골짜기로 5리쯤 올라가면 큰 절터가 있는데 그곳에는 한 길이 넘는 세 분의 돌부처님이 풍우를 가리지 못한 채 서 계십니다. 대감이 절을 지어 부처님께 공양하면 반드시 대사를 이룰 수 있을 것입니다."

"그러나 어명을 받고 한시라도 빨리 명나라 태조를 만나야 할 내가 언제 절을 지어 부처님을 모신다 말씀인가?"

"그것도 길이 있습니다. 황해도 감사에게 부탁만 하면 될 것이 아닙니까?"

그러나 조 정승은 이제 중국에 도착하면 곧 죽을 것이 틀림없는

데 절을 짓는다고 하여 무슨 소용이 있을까 생각하면서 다시 잠에 빠져 들었다. 그러자 그 사미승들은 두세 번 거듭 나타나 부처님을 모실 것을 알렸다.

너무나도 분명하고 역력한 꿈이 거듭되는지라, 잠에서 깨어난 조 정승은 정신을 가다듬고 집주인을 불러 물었다.

"이곳으로부터 5리쯤 떨어진 곳에 옛 절터가 있는가?"

"예, 세 분의 돌부처가 반쯤 흙에 묻힌 채 크게 풍상을 겪고 있는 폐사가 있습니다."

조 정승 일행은 이른 아침 그 절터를 찾아 올라갔다. 과연 쓰러진 절터 위에 세 분의 부처님이 가련하게 서 있었다. 조 정승은 황해도 감사에게 가람을 짓도록 부탁하고 부처님께 이 일을 도와달라고 간절히 발원한 다음 중국으로 떠났다.

중국에 도착하여 명나라 황제를 배알한 조 정승은 이 태조의 뜻을 전하고 국호를 재가해줄 것을 간청했다. 하지만 명 황제는 노발대발하였다.

"이신벌군以臣伐君한 역적이 국토를 도둑질하고는, 다시 국호를 정해 허락을 청하다니! 어찌 하늘이 무섭지 않느냐! 저놈을 참형에 처하라!"

조 정승은 형장으로 끌려갔다.

"무슨 할 말이 있는가?"

"물 한 그릇과 배석 자리 하나만 갖다 주오."

물이 상 위에 올려지고 자리가 깔리자 조 정승은 단정히 무릎을 꿇고 먼저 국왕이 계신 곳을 향해 절을 했다. 그리고 이어 부모님께 절을 하고 마지막으로 황해도 서흥 산중의 세 부처님께 절을 하였다.

"필히 대사를 성사하여 부처님의 가람이 이룩된 것을 친견하고 공양코자 하였으나 일을 달성하지 못하고 이대로 죽게 되었습니다. 약속을 이행치 못함을 용서해 주십시오."

곧이어 망나니가 칼을 들고 날뛰더니 칼로 조 정승의 목을 내리쳤다. 그런데 어찌된 일인지 조 정승의 목은 베어지지 않고 천룡도가 두 동강이 나는 것이었다. 이어서 두 번 세 번 내리쳐도 마찬가지였으므로 이상히 여긴 형 집행관이 명 태조에게 이 사실을 고하자 이야기를 들은 명 태조는 크게 놀라며 말하였다.

"하늘의 뜻을 알지 못하고 벌을 주어 미안하오. 이제 그대에게 비단 5백 필과 1천 냥을 내리고 또 국호를 '조선'이라 재가하노라."

이 말을 듣고 조 정승은 감격의 눈물을 흘렸다. 본국으로 돌아오던 중 황해도 서흥 땅에 이르자 많은 사람들이 절이 있는 산으로 올라가고 있었다. 그날이 바로 조 정승이 부탁한 절의 낙성식이었던 것이다. 함께 참례하고자 법당에 들어가 절을 하려던 조 정승은 깜짝 놀랐다. 부처님의 목에 칼자국이 나 있고 피가 맺혀 있었기 때문이었다.

조 정승은 그 연유를 물었다.

"저희도 알 수 없는 일입니다. 지난 3일 미시에 부처님을 이곳
으로 모셨는데, 이상스레 칼 소리가 나기에 쳐다보니 이 부처님
목에 칼자국이 생겨나면서 피가 흘렀습니다."

"다른 부처님도 마찬가지인가?"

"예, 마찬가지입니다. 단지 시간의 차이만 조금 있었을 뿐입니
다."

"참으로 신통한 일이로다. 내가 바로 그날 그 시간에 교수대에
서 칼을 받았다."

조 정승은 그 길로 왕궁에 돌아와 태조를 뵙고 이 사실을 아뢰
니 태조 역시 감격하여 크게 상을 내리고 절 이름을 속명사(續命
寺: 명을 이은 절)라 지어 현판까지 써주었다고 한다.

내
마음의
노래

# 날마다 좋은날

자고 나면 머리맡에 물 갖다 놓고
날 배려해주는 사람 있어 좋고

함박눈 내려 좋은 날
옷깃 세워주며 동행할 수 있는 사람 있어 좋고

휘영청 밝은 달 아래
따끈한 차 한 잔 놓고
홀로 사색 즐길 수 있어 좋고

옛 추억 되새기면 아련한 향수에
멋쩍은 웃음 묻어날 사연 있어 좋고

쓸쓸할 때 전화하면 무슨 일이냐고 걱정하며
한달음에 달려올 친구 있어 좋고

온몸 흠뻑 적시며 운동하고 나서
시원한 음료 한잔 들이키며
살아 있음에 감사할 줄 알고

딱 이만큼
늘 걱정해주는 가족들과 함께
더도 말고 덜도 말고 오늘만 같다면
날마다 좋은날

흰 눈


대숲에 내리는 눈
백록의 조화로움에
황홀한 아름다움으로 춤추더니
제풀에 놀라
하얀 눈 한 움큼 내려놓고는
하늘로 발돋움한다

먼발치에
등 굽은 소나무
하얀 꽃 흐드러지게 피더니
설한풍에 꽃비 내려앉고
기지개를 켜듯 우쭐대고는
흰 가지를 쓰다듬는다

# 그리움

저기 떠나가는 배
기다림에 지친 아낙
오지도 않을 님 그리워
갈매기 등 타고
마음은 벌써 뭍으로 간다

파도에 밀려
피멍 든 가슴
그래도 행여나 하여
먼— 수평선 향해
수줍은 발돋움을 한다

# 부지런함

새벽에 일어나
산길을 걸으면
부지런한 산새들
먼저 일어나 숲길을 안내한다

긴 겨울을 이겨내고
갓 피어난 야생화들
코를 갖다 댔더니
향기는 벌써 저만치 퍼져 있다

큰마음 먹고
선행을 베풀었더니
부지런한 착한 사람들
벌써 하고 난 뒤였다

비


대지를 적시는
봄비를 보며
문득 느껴보는
한 가지 생각
내리는 비들은
저마다의 이름을 갖는다

이슬비
안개비
가랑비
보슬비
여우비
소낙비
장맛비
장대비
……

사람도 동물도 나무도
모든 사물이 이름 있는데
빗방울이라 해서
이름 몇 가지 없어서야 안 될 것 같아
비를 맞는 사람의 심성에 따라
어여쁜 이름도 생기나 보다

향수


창문 사이로
달그림자 내려와
시월 야밤
적절한 외로움이 스며든다

지천에 널려 있던 국화 향
이젠 잠을 청하고
고요만이
뜨락을 산책하고 있다

시린 하늘에
영롱한 별빛
밤 부엉이 울어
동화같은 이 밤

긴— 그리움에

포근한 인간사
책갈피에 묻어둔
빛바랜 향수를
들추어본다

# 자연의 속삭임

적막한 산창에 앉아
대숲 그늘을 쓸고 있는
바람을 보면
애달픈 이 밤 곱기만 한데

멀리서 들려오는
수행자의 맑은 소리인가
밤 부엉이 우는 소리
가랑잎 구르는 소리
계곡물 흐르는 소리

자연이 속삭이는
포근한 얘기들을
귀담아 본다

착하게 살라고―

아름답게 살라고—

# 부처님

한 걸음
또 한 걸음
가쁜 숨 몰아쉬며
절 도량을 들어서서
석간수 한 잔 들이키니
세간에 찌든 마음
벌써 홀가분한 기분

마음 가다듬고
불전에 향 사르고
촛불 밝혀 두고
심중 소원 간절하니
부처님 벌써 아시는 듯
빙그레 웃으시네

인자하신 그 모습에

속마음 들킨 듯

복사꽃 같은 홍조 피어올라

몸 둘 바를 모르는데

은은한 향내음에

평온을 다시 찾고

부처님 전에 간절한 마음

나무아미타불―

# 함박눈을 보며

눈이 내린다
잿빛 하늘에 난무하는
함박눈이 내린다

이리저리
어지러이 내리는 눈이
지저분한 세상의 티끌
한 움큼이라도 보일세라
다독다독
하얗게 덮고 있다

순백의 아름다움이
태초의 신비함이
눈부신 화려함이
너를 향한 부러움인가

차고 지순한 너를 대하면
세상만사 다 잊고
자연으로 돌아가고파

느티나무


동네 마을 어귀
떡 버티고 서 있는
풍채 좋은 느티나무

마을 사람들
하나 둘 모여앉아
세상사는 얘기 도란도란—

봄이면 파릇파릇
새순이 돋아나와
부는 바람에 하늘하늘—

여름이면 시원한 장맛비
잎새에 떨어지는 소리
후두두둑 후두둑—

가을이면 소슬한 바람에
예쁜 단풍잎 물들이고

겨울이면 휑한 가지 끝으로
함박눈 내려앉아
사시사철 아름다운 너

한평생을 뿌리내려
마을을 지켜주고
복밭을 가꾸어준다

화해


모래바람을 일으키고
황야를 질주하는
고삐 풀린 망아지처럼
언 가슴 활짝 열고
저 푸른 들판을 달려보자

모진 사랑
살갑게 살아온 우리
단절된 과거일랑
봄날에 피어오르는 아지랑이처럼
날려 보내고

새순 속에 감춰진
버들강아지처럼
서로 보듬고 아끼는 희망을 안고

마음속 응어리 풀어헤치고
여명 속에 밝아오는 아침을
뜨겁게 맞이하자

# 달을 찻잔에 담아

산그늘 내려와
고요한 산창에
별빛은 그윽한데

늘어진 노송가지
둥근 달 걸터앉으니
축 쳐진 가지 끝
소슬바람에 잠 못 이룬다

산창에 비친 저 달을
화로 위에 끓는 물과
작설차에 함께 우려
예쁜 다기 담아내어
벗과 함께 즐겨 볼까나

# 희망

여린 가슴을 헤집고
아집으로 버텨온 힘겨운 일상
회색빛으로 투영된 미래


절망 속에서도 꽃은 피어나듯
겨울 지나면 새봄이 온다


우리네 언 마음도
봄눈 녹듯 사라지려나


떠오르는 새날을 보며
움츠렸던 가슴
따사롭게 감싸 안아보자

# 가을


쪽빛 하늘
시리도록 푸르고
계곡은 바람을
늘— 품고 산다

흐드러지게 핀 구절초
붉게 타오르는 듯한 당단풍
물기 머금은 암벽 틈새
용담초의 보랏빛 향기에
흐르는 물은 더욱 차다

딱따구리의 집 짓는 소리
빈 골을 울려 퍼지고
청설모의 도토리 줍기에
가을이 익어간다

# 사모곡

나
훨훨 벗어버리고
고향으로 돌아가리라

고희가 넘으신
어머니 눈에는
철없는 개구쟁이로
나
돌아가리라

빈손으로 왔다
빈손으로 가는 인생이지만
세상 다 돌아봐도
쉴 곳 없으니
작은 가슴 할딱거리며
나

어머니 품으로 가리라


바람에 날리운
어머니의 하얀 머리카락
한 올 한 올 빗질해 드리고
따끈한 차 한 잔 대접하는
개구쟁이 효자로
나
돌아가리라


봄이면 개울둑에
지천으로 피어 떨어지는
살구꽃 발그레 닮은 아이들
뛰노는 모습 바라보며
넘치지 않는 작은 소망을
뒤 남새밭에 심으러
나
고향으로 돌아가리라

# 새벽 시장

사람 사는 냄새가 나는
첫새벽의 시장통

새벽시장을 가기 위해
간밤 장거리에
꼬박 밤을 지새우고

처진 어깨 속으로
칼바람이 스며든다

묵은 기침 소리에
병든 아주머니

언 손 녹여가며
채소그릇 당겨놓고
힘찬 아침을 연다

# 여행

배낭을 메고
무작정
기차여행을 가고 싶다
산과 바다를 함께 달리는
기차여행을 하고 싶다

때로는
부서지는 파도소리를 들으며
때로는
기암절벽의 산천을 구경하면서

그러다 허기지면
홍익회 자판가게에
계란 몇 개 콜라 한 잔 들고

낯설은 이방인과

도란도란
세상 사는 이야기하는
그런 여행을 하고 싶다

종착역은
이름 없는 간이역
복잡하고 분주한 역사보다는
호젓하고 조용한 간이역이
낯설은 여행객에겐
마음으로 와 닿을 듯싶다

# 친구

어여쁜 단풍잎
바람에 떨어져
가을비 촉촉이
오늘처럼 내리면
혼자 외로움에
찻잔을 기울인다

입 안 가득
울려 퍼지는 커피 향에
문득 떠오르는 초등학교 단짝 생각

기울은 세월은
평행감각을 잃고
우리는
그만큼 성숙해간다

친구야
그래도 차 맛은
비 올 때가 제일 좋더라

# 가족

산등성이 너머
휘감고 돌아
세월만큼이나 빛바랜
작은 오두막집 하나

침묵의 밤이 지나고
고요 속의 아침이 오면
고향 같은 포근함에
삶의 무게만큼 무거운
올가미를 벗어 던진다

그래도 가족이라는 울타리 있어
도래상 펴놓고
행복한 웃음 피운다

통영항

미륵산 우뚝 솟아
발아래 내려보니
쪽박처럼 앙증맞은
강구안 은빛 바다

공주섬 외로워라
갈매기에 서신 전해
조선소 배 떠날 때
나도 같이 떠나고파
먼 바다 향한 그리움에
잠 못 이루고
출항 날만 손꼽아본다

발개 포구 쪽빛 바다
하얀 요트 사이로
거친 어부들의 만선을 향한 꿈

해조음으로 흩어지고
지친 선창가의 나그네
낚싯대를 드리운다

구름다리 옆 벚꽃 길 따라
삼월의 해풍에 시장기를 느끼고
도다리 쑥국에 빈속 채우고 나면
저 멀리
저녁노을 내려 앉아
또 하루를 접는다

# 파도


잿빛 하늘에
먹구름 흩어지더니
거센 바람
바다를 뒤집고

집채만한 파도에
멍든 암벽
깊은 자맥질을 하고는
거품을 토해낸다

처얼 썩—
하얀 포말이 날리고
눈부신 무지개 사이로
날개 젖은 갈매기
힘겨운 비상을 한다

# 진달래꽃

양지바른 산골짜기
암벽 틈새로
가냘픈 가지 끝마다
연보랏빛 얇은 잎새
이제 막
세상을 향한 첫 숨을 토해낸다

지난 겨울 무서리와
혹한을 견디어낸
어여쁜 참꽃무리들
철 이른 아지랑이에
어깨춤을 춘다

뻐꾹새 울어
봄은 깊어만 가고
화전 피울 들뜬 마음에

동네 아낙들
삼삼오오 짝을 지어
보랏빛 추억 하나 둘
바구니에 담는다

# 아침 이슬

간밤에 내린 이슬에
풀끝마다 맺힌 구슬
산들바람에
방울방울 춤을 추며
곡예사처럼 노니더니
제 무게를 지탱 못하고
땅으로 떨어진다

쳐졌던 잎새 하나
생기를 되찾은 듯
굽은 허리 쭉 펴고선
툭툭 털고 일어선다

풀섶에 졸고 있던
눈 부은 청개구리
물 떨어지는 소리에 깜짝 놀라

개골개골—
꽁무니를 내뺀다

# 길

길이 있습니다
하얀 눈이 소복소복 쌓인 그 길을
하염없이 걷고 싶습니다
뒤돌아보면
같이 따라온 발자국들
친구 삼아 오손도손
끝없이 동행하고 싶습니다

길이 있습니다
한적한 숲길 따라 난 오솔길을
무작정 걷고 싶습니다
산새들 지저귀고
다람쥐 함께 따라오면
같이 동행하고 싶습니다

길이 있습니다

안개비 내리는 날 바닷가를
그냥 걷고 싶습니다
갈매기 내려와 친구하며
파도소리 들으면서
내내 걷고 싶습니다

길이 있습니다
휘영청 달 밝은 밤
별빛 쏟아져 내리는 날이면
소슬한 밤바다 맞으면서
마냥 걷고 싶습니다

소쩍새 울어도 좋고
밤 부엉이 울어도 좋은 그런 날이면
그저 걷고 싶습니다

길이 있습니다
아무렇게 나 있는 길이라도 좋습니다
그대와 함께라면
진창의 길이라도
다정히 손잡고서

밤새도록
난 그렇게 걷고 싶습니다


난 그렇게 걷고 싶습니다

# 추억

달 밝은 밤
그대는
무슨 생각 하나요

내 마음속 저편
추억의 책갈피 펼치면
새록새록 묻어나는
추억 속으로

살며
사랑하며
이별해버린
사람, 사람, 사람들—

# 봄

시골 장
허리 굽은 할머니
봄나물 따서 이고
시장통 한 귀퉁이에서
이른 봄을 팔고 있다

참꽃부침 향기에
한달음에 달려갔더니
허기진 봄이
먼저 달라고 보챈다

세 상 어

세상에
자물쇠가 없다면
감출 물건도 없을 것이요

세상에
숨겨둘 물건이 없다면
잃어버릴 일도 없을 것이요

세상에
잃어버릴 물건이 없다면
도둑도 없을 것이요

세상에
도둑이 없다면
동화같은 그런 날이 오기나 할까요

# 사랑하며


그래
하늘을 우러러 부끄러움 없도록
살아 있는 날만이라도
우리 사랑하며 삽시다

담담한 세속의 정
서로 주고받으며
그렇게 삽시다

아름다운 날들
예쁘게 만들며
살아 있는 날까지 만이라도
우리 그렇게 살아갑시다

힘든 날들
살면서 없겠소만

그저
서로 이해하고
서로 사랑하며
그렇게
또 그렇게 살아갑시다

# 왜 사느냐고 묻거든

왜 사느냐고 묻거든
처음엔
이 세상에 태어났으니까
살아가는 거라 생각했소

왜 사느냐고 묻거든
철이 들면서
살다 보니 죽을 수도
없었다고 생각했소

왜 사느냐고 묻거든
세상은 살아볼 가치가
있다고 생각하오

왜 사느냐고 묻거든
그럼

당신은 왜 사는 겁니까

# 모두 다 사랑하리


세상은
우리가 생각하는 것처럼
밝고 고운 것만은 아닙니다

우리들이
즐겁고 좋은 일에 기뻐할 때
한쪽에선
어둡고 힘들고 괴로운 삶을 살아가는
사람들이 있습니다

오늘
우리가 좀 더 가지겠다고
아우성칠 때
그들은
생존을 위해
물과 빵과 밥을 위해

오늘도 헤매고 있습니다

이젠
서로 조금씩 양보하며
더불어 살아가면서
모두가 사랑했으면 좋겠습니다

# 삶이란

낙엽 지는 은행나무 밑에서
노랗게 생각을 물들여볼 여유가 없다면
그것은 빠듯한 삶이요

높은 언덕에 올라가
먼발치의 세상을 물끄러미 내려다보는
태연함이 없다면
그것은 궁핍한 삶이며

비가 오는 날
담벼락 밑에서 떨고 있는 고양이에게
눈길 한 번 주는 연민이 없다면
그것은 각박한 삶이요

오늘처럼 화창한 날
자연의 싱그러움을 느끼면서

삶을 되돌아볼 줄 아는 마음 있다면
그건 진정 아름다운 삶이다

사월 초파일


지혜의 등불
자비의 등불
평등의 등불 밝히고
소통과 화합으로
하나되는 곳
오늘은 사월 초파일
부처님 오신 날

곱게 단장한 한복
갈아입고서
설레는 마음으로
님을 향한 발걸음
은은한 목탁소리에
다가오는 평상심

머리 위에 오색등

꽃비처럼 내려앉고

합장하는 천진동자

그 모습 부처님 같아

옷매무새 고쳐 쥐고

나직이 불러보는

석가모니불

# 우리가 꿈꾸는 세상

허공을 온종일 날아다녀도
발자국 하나 남기지 않는 새처럼

항상 웃고 있어도
시끄럽지 않은 꽃처럼

호수 밑을 뚫어도
상처 하나 남기지 않는 달빛처럼

흘러 흘러 내려가도
메마르지 않는 넉넉한 강물처럼

향기로운 삶을 살아갈 수 있다면
그건 바로 우리가 꿈꾸는 세상

# 소매물도

아득한 옛날
뭍에서 떨어져
파도에 떠밀려
외로이 서 있는 등대섬
소매물도

모진 풍파 이겨내고
인고의 세월 겪고서
곱게 단장한
원시의 아름다운 섬
소매물도

투박한 사투리에
살가운 인심
청정한 해산물에
산과 바다가 어우러진

가보고 싶은 섬
소매물도


섬과 섬 사이 바다를 끼고
견우와 직녀처럼
어쩌다 한번 바닷길이 열리면
관광객들의 동심에
웃음꽃 피어나는
환상의 섬
소매물도

지은이 | **월송 스님**

1956년 경남 통영 출생. 통영고, 경남대를 졸업하고 1981년 12월 법운암에서 해담스님을 계사로, 춘성스님을 은사로 출가하여 월송月松이란 법명을 받았다.

30여 년을 외길로 법운암에서 주지소임을 맡고 있으며, 현재 통영불교사암연협회 회장, 통영경찰서 경승실장, 창원지방검찰청 통영지청 범죄예방 의원, 통영구치소 교화의원 및 지도법사, 통영시 종합사회복지관 자문의원, 민주평화통일 자문회의 통영시 의원 등 활발한 지역봉사활동을 하고 있다.

축구를 좋아해서 미륵동우회, 육팔축구회의 회원으로, 주말이면 운동장으로 뛰어다니는 정말 바쁜(?) 스님이다.

## 스님은 왜 머리를 안 깎으세요?

**초판 1쇄 인쇄** 2011년 11월 1일 | **초판 1쇄 발행** 2011년 11월 7일
**지은이** 월송 | **펴낸이** 김시열
**펴낸곳** 도서출판 운주사
　　　　(136-034) 서울 성북구 동소문동 4가 270번지 성심빌딩 3층
　　　　**전화** (02) 926-8361 | **팩스** 0505-115-8361
ISBN 978-89-5746-289-8　03220　　값 10,000원
http://cafe.daum.net/unjubooks 〈다음카페: 도서출판 운주사〉